창조하며 경영하라

김오회 박사와 함께 하는 창조적 사고

창조하며 경영하라

김오회 지음

매일경제신문사

머리말 왜 우리는 일하는가?

흔히 회사를 가리켜 자본주의의 꽃이라 한다. 이는 자본의 가치를 최대한 살려 사회의 발전을 이끄는 원동력이 되는 역할을 강조한 말이다. 회사를 빼놓고 오늘날의 사회를 얘기하기란 어렵다. 그만큼 현 사회에서 회사가 차지하는 비중은 막중하다 할 것이다.

회사의 사전적 정의는, 상행위(商行爲) 및 기타 영리를 목적으로 하는 사단법인(社團法人)을 일컫는다. 그 종류로는 몇 가지가 있는데 대부분은 주식회사의 형태로 운영되고 있다.

주식이란 말에서 짐작하듯 회사는 돈을 피로 삼아 몸집을 불려 나가는 일종의 생명체이다. 돈을 많이 버는 회사의 몸집은 공룡처럼 비대해질 것이고, 반면에 자금이 부족한 회사는 병들고 노쇠하게 될 것이다. 그러다가 자금이 완전히 차단되는 회사는 장렬히 숨을 거두게 될 것이다.

돈, 그것은 회사의 목적이며 존립 근간이다. 그래서 어느 회사를 막론하고 이윤을 창출하기 위해 온갖 노력을 다한다.

그런데 세상사 어디 뜻대로 다 되겠는가. 손에 잡힐 듯한 돈은 마치 언덕 너머의 무지개처럼 계속해서 자리를 이동하고, 결국엔 물에 비친 달처럼 허망하게 수중을 빠져나가게 된다.

잡힐 듯 잡히지 않는 돈, 그래서 경영자는 더욱 애가 타고 애간장이 녹아내린다. 미꾸라지와 청개구리를 합쳐 놓은 것만 같은 돈, 이것을 길들여 뜻한 대로 움직이게 할 수는 없는 것일까?

그러려면 회사의 경영뿐만 아니라 세상을 보는 안목도 넓혀야 하고 전문적 지식도 쌓아야 한다. 그래서 요즘 인문학 관련 강좌가 상대적으로 주목을 받고 있다.

그런데 최근 들어 정보 사회로 급전환 하면서 점점 더 영리를 추구하기가 어려워지고 있다. 정보에 빠르고 정보에 정확해야 '영리'라는 열매를 딸 수 있는데, 봇물 터지듯 쏟아져 나오는 정보의 홍수에 밀려 갈피를 잡기가 어려워진 것이다. 그래서 남다른 안목을 지니라는 뜻에서 '창조'란 단어가 시대의 화두로 떠오르고 있다.

창조

그런데 어느 누구도 창조에 대해 속 시원히 얘기해 주는 사람이 없다. 그것이 아이디어를 만들어내는 힘을 말하는 것인지, 아니면 이윤이나 가치를 창출하는 방법을 뜻하는 것인지 모호하기 짝이 없다.

창조에 대한 정의는 차치하고라도 그것이 과연 어떤 원리로 회사에 이익을 가져다 줄 것인지에 대한 논리적 설명이 뒤따라야 할 것이지만 이것 역시 아쉽게도 전무한 실정이다.

필자는 얼마 전《내 멋대로 살고 싶다》라는 제목의 창조적 사고에 관한 책을 내었다. 워크샵의 교재로 쓰기 위한 책이다 보니 응용에 대한 부분이 다소 미흡했던 것이 사실이다. 특히 영리를 목적으로 조직된 회사의 경우는 더욱 그랬다.

요즘과 같은 급변의 시대에 회사를 운영하기란 여간 어려운 것이 아니다. 필자가 생각하건대, 앞으로는 창조적 운영을 하지 않으면 더 이상 회사를 이끌어 가기 어려워질 것이다. 회사의 종류나 분야에 상관 없이 창조적 사고가 관여되지 않으면 시대의 추세를 따라가지 못해 허덕이다가 결국 폐사하고 말 것이다.

일찍이 일본의 교세라(Kyocera Corporation)의 이나모리 가즈오 회장은 다음과 같은 뜻의 말을 하였다.

"종래는 시간과 노력을 합산하여 회사 발전의 잣대로 삼았다. 하지만 앞으로는 여기에 사고를 곱해야 한다."

이 말은 회사 경영이란 것이 '(시간 + 노력) × 사고'가 돼야 한다는 뜻이다.

창조적 사고! 그것이 어떻게 시장과 고객을 읽는 잣대가 되며 또한 어떻게 회사 운영의 묘를 극대화하여 경쟁력을 높이게 되는지 그 실체를 알아 보기로 하자.

본서는 필자가 다년간에 걸쳐 진행한 창조적 사고에 관한 컨설팅이나 워크샵, 강연 등을 토대로 하여 얻은 자료를 최대한 평이하게 정리한 것이다. 경영의 세세한 기법보다는 경영자가 갖춰야 할 사고의 구조에 중점을 두고 기술했기에, 회사의 CEO는 물론이고 조직의 간부나 자영업자, 그리고 창업을 꿈꾸는 젊은이들이 정독한다면 새로운 경영의 세계를 맛보게 될 것이다.

끝으로 본서를 집필함에 여러모로 도움을 주신 단예 김준걸 스승님께 지면으로나마 깊은 감사의 말씀을 드리며, 책의 출판을 흔쾌히 맡아주신 매일경제 관계자 분들께도 고마움을 전한다.

弘山 김오회

당신이 회사를 설립한 목적은 무엇인가?

한 회사의 경영자로서 이런 질문을 받게 되면 한순간 어이없어 할 것이다. 왜냐, 회사란 이윤 창출이라는 단 하나의 목적으로 설립된 조직이란 것이 너무도 당연하기 때문이다.

하지만 이 물음에 대한 근본적인 생각을 하지 않는다면 당신은 결코 급변하는 21세기 정보 사회에 현명하게 대처할 수 없고, 자칫하면 치열한 경쟁 구도에서 밀려날 수도 있다.

자본주의가 뿌리내리던 근대 사회를 되돌아 보면 회사의 설립 목적에 별개의 수식어가 붙을 수 없다. 첫째도, 둘째도 오로지 이윤 창출만이 있을 뿐이다.

하지만 오늘날은 영리만을 회사의 청사진으로 두어서는 결코 원하는 이윤을 얻을 수 없다. 마치 철학적 화두처럼 모호하게 들릴 수 있지만, 이것이 과거와 다르게 흘러가는 오늘날 시장 경제의 엄연한 현실이다.

이런 기괴한 물결은 잠시 불다 꺼지는 돌풍이 아니다. 정보 사회로 급변하면서 발생한 도도한 계절풍이며, 21세기를 넘어 그 다음 세기까지 줄기차게 이어질 것이다.

따라서 뒤바뀐 변화의 추세에 적응하는 것은 회사의 생존과도 직결된 숙명적 과제이다.

회사 운영의 핵심은 '위기관리(Risk Management)'에 있다고 해도 과언이 아니다. 왜냐, 현대 사회는 변화의 폭이 크고 빨라서 그만큼 위기가 자주 등장하기 때문이다.

따라서 위기에 잘 대처하지 못하는 회사는 생존에 치명타를 입고 뒤쳐지게 될 것이다. 반면에 위기를 잘 다룰 줄 아는 회사는 그 여세를 몰아 얼마든지 공격적인 경영을 펼칠 수 있을 것이다. 그만큼 남보다 빨리 교두보를 확보할 것이며 경쟁력에서 당당히 앞서 가게 될 것이다.

이런 면에서 봤을 때 위기관리는 곧 경영자가 갖춰야 할 기본적 덕목이라 하겠다.

그렇다면 위기관리란 도대체 무엇인가?

이 점에 대한 이론만 해도 적어도 몇 수레에 가득 담고도 남을 것이다. 대개 조직에 바람직하지 못한 결과를 최소화하기 위해 취하는 방법론적 수단들인데, 조직 구조에 대한 세밀한 관찰과 철저한 인사관리는 물론이고 위험 요소의 진단과 비상 시스템의 구축, 그리고 교육개발에 이르기까지 출중한 이론들이 즐비하게 있다. 특히 금융권에서는 리스크를 더욱 세분화하고 수치화하여 보다 정밀하게 다루고 있다.

하지만 본서에서는 그런 경제학적, 금융학적 리스크를 다루는 대신 인성을 근간으로 한 심리적 리스크를 논하고자 한다.

회사란 곧 사람이 운영하는 것이고, 현대 사회에서 불어닥치는 위기들도 사람이 만들어낸다는 점에 착안한 것이다.

위기의 본질은 사람이고, 따라서 위기를 다룰 수 있는 것도 사람이다. 그렇기에 위기관리 역시 사람의 근본 심리 구조를 떠나서는 다룰수 없다.

활력이 넘치는 회사,
남다른 경쟁력을 갖춘 회사,
위기가 닥쳐와도 거뜬히 물리치는 회사,
그래서 이윤과 가치를 극대화하는 회사!

이런 회사를 원한다면 당신은 이제 본서를 읽을 마음의 준비가 됐다. 당신과 회사의 이익을 위해 마음을 열고 정독해 주기를 바란다.

다시 한 번 묻겠다.

당신이 회사를 설립한 목적은 무엇인가?

목차

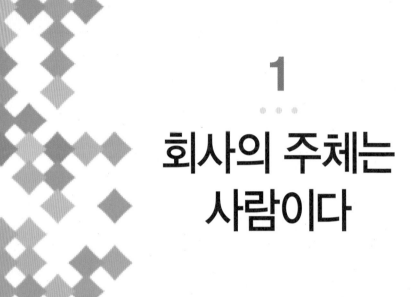

1

회사의 주체는
사람이다

현대 사회를 떠받치는 대들보는 단연코 회사일 것이다. 회사야말로 자본주의 세상의 버팀목이자, 지남차이다.

그래서 그런지 회사의 수는 사람 수 다음으로 많다. 지금 이 순간에도 새롭게 만들어지고 허망하게 무너지고 있을 것이다.

종류도 많고 크기도 제각각이지만 회사엔 공통된 점이 있다. 그것은 회사의 주체가 사람이란 것이다.

자동차 성능이 아무리 좋아도 드라이버의 운전 실력이 떨어지면 그 자동차는 제 기능을 발휘하지 못한다.

마찬가지로 회사의 제품과 판매망이 아무리 좋아도 그것을 움직이는 사람의 능력이 떨어지면 빛 좋은 개살구처럼 실속이 없게 될 것이다.

몇 해 전 지인 한 명이 꽤나 이름 있는 요리사와 동업하여 레스토랑을 차렸다. 가격 대비 음식 맛이 훌륭하여 성업할 것으로 예상했지만 석 달 뒤에 문을 닫고 말았다.

지인은 왜 이런 일이 발생했는지 전혀 원인을 알지 못했다. 깔끔한 실내 인테리어와 훌륭한 음식, 이 두 가지 요건이면 충분히 성공할 수 있을 것으로 내다 봤던 것이다.

하지만 그가 간과한 것이 있다. 그것은 바로 사람이다. 레스토랑을 움직이는 주체인 사람 관리에서 누수가 생긴 것이다.

음식맛이란 것은 기분에 꽤나 좌우된다. 레스토랑에 들어서자마자 마주치는 종업원의 표정과 말투, 주문 시의 친절도가 음식 맛의 50%를 좌지우지하게 된다.

따라서 음식이 90점이라 해도, 종업원에 의해 10~20점을 깎인다면 그 레스토랑은 절대 성공할 수 없다. 어느 누가 80점을 밑도는 곳에 두 번, 세 번 방문하겠는가.

옛말에 '바로 먹을 떡에도 쇠를 박는다'고 하였다. 음식을 맛으로만 먹는 것이 아니라는 말이다. 눈과 느낌, 기분으로도 음식을 먹는다. 따라서 종업원의 인상과 친절, 가게의 분위기 등 모든 것이 고려돼야 하는데, 레스토랑의 주인은 이점을 간과했던 것이다.

우리는 종종 음식 맛이 별로인데도 사람들이 들끓는 곳을 본다. 거기에는 다 그만한 이유가 있다.

사람들은 결코 가치가 떨어지는 곳에는 발길을 옮기지 않는다. 자신이 투자한 돈에 대비한 가치를 저울질하여 높은 쪽으로 움직인다. 그 가치는 음식의 맛 한 가지로 결정되지 않는다. 가치는 종합적인 것이며, 그 가운데 사람이 차지하는 비중은 매우 높다.

음식점의 예를 들었지만 회사도 예외는 아니다. 시스템이 비교적 잘 갖춰져 있는 대기업도 마찬가지다. 회사를 꽉 채우고 있는 사람에 대한 깊은 이해가 전제되지 않고는 결코 회사를 제대로 이끌어 나갈 수 없다.

이는 에너지에 대한 이해가 없이 발전소를 돌리는 것과 같은 상황이다. 사람 한 명, 한 명이 곧 회사의 원천적 에너지이다.

  2013년은 유독 매스컴을 달군 대형 사건들이 터져 나왔다. 과거 같으면 기사 한 줄 나오기도 힘든 사건들이 대형 이슈로 부각된 것이다.

  포스코(POSCO) 이사가 저지른 대한항공 라면 사건은 회사 전체의 가치를 추락시킨 꽤나 굵직한 사건이었다. 포스코가 한 해 광고로 쏟아 붓는 수백 억 비용이 증발한 것은 물론이고 두고두고 회사의 오점으로 남게 될 터였다.

  그 뒤를 이어 터져 나온 남양유업 영업직원의 막말 사건은 회사의 근간을 흔드는 초유의 사태로까지 번졌다. 여기에 대처하는 대표 이사와 임원들의 자세마저 도마 위에 올라 회사 매출에 큰 타격으로 이어졌다.

그리고 조금 뒤 발생한 청와대 윤대변인의 성추행 사건은 인사관리의 허점에 결정타를 날리면서 한국 사회를 송두리째 뒤흔들었다.

이 모든 사건의 중심엔 사람이 있었다. 문제의 발단은 어떤 상품이나 기계, 조직이 아닌 사람이었다. 한 사람의 잘못된 행실이 어떤 파장을 몰고오는지를 여실히 보여준 사건이었다.

그리고 사건이 터졌을 때 사후 대처하는 사람들의 행보에도 크게 누수가 생김으로써 위기는 곧 사람이라는 인식을 강하게 불러왔다.

위기의 원인은 사람이며, 그 위기의 해법도 사람이 쥐고 있다. 이 점을 심도 있게 바라볼 수 있을 때 위기관리는 시작된다. 사람에 대한 깊은 이해가 전제되지 않은 위기관리는 피상적 해결에 그치고 만다.

사람은 모든 것의 중심이다.

흔히 기술 개발에 회사의 사활이 걸렸다고들 한다. 하지만 사실상 회사의 존립에 기술이 차지하는 비중은 생각보다 크지 않다.

필자는 기술이 뛰어남에도 망하게 된 회사들을 숱하게 많이 봤다. 그들은 망하게 된 이유에 대해 주변의 악재나 시운(時運), 경쟁 기업의 횡포 등을 대지만, 가장 중요한 요인은 사람을 제대로 돌보지 않았기 때문이다.

어느 회사든지 위기나 악재, 누수 등이 발생한다면 그 이면엔 꼭 사람이 자리하고 있다. 사람 관리에서 구멍이 뚫리면서 회사의 문제가 불거져 나오게 된 경우가 대부분이다.

물론 회사마다 인사 관리팀을 두어 사람의 문제에 주력한다. 하지만 필자가 언급하고자 하는 것은 그런 틀에 박힌 형식적 인사 관리가 아니다.

　사람에 대한 깊은 이해를 통해 그 사람의 에너지를 자발적으로 끌어와서 회사 전체의 에너지를 높여야 한다.

　회사의 경쟁력이란 결국 에너지 싸움이다. 회사의 제품이 아무리 뛰어나도 에너지 누수가 많은 회사는 경쟁에서 이길 수 없다.
　반면에 회사의 제품이 다소 떨어져도 전 직원의 에너지가 하나로 합쳐져 왕성하게 돌아가는 회사는 어떻게든 경쟁에서 살아남아 앞으로 나아가게 된다.
　이런 회사는 제품 개발에 있어서도 결국 경쟁사를 추월하여 앞서가게 된다.

기술개발에만 목매던 SONY의 침체는 바로 이런 사실을 보여준다. 삼성은 기술개발뿐만 아니라 직원들의 교육과 에너지 활용에도 꽤나 주력한 기업으로 알려져 있다.

삼성은 '친환경 혁신 활동을 통한 새로운 가치 창출'이라는 구호와 함께 직원들의 자긍심을 높여주는 쪽으로 일관되게 움직였고, 결국 삼성 전체의 에너지가 SONY를 앞서게 됐다. 이렇게 되니 기술 개발에 있어서도 삼성은 SONY를 앞질러 전지시장의 선두를 딜리게 되었다.

천혜의 자원이 풍부한 중동의 산유국들을 보라. 땅속에서 돈이 콸콸 쏟아져 나옴에도 그들의 경제는 생각보다 발전하지 못했다.

왜 그런 것일까?

그것은 천연 자원의 혜택을 받은 나머지 상대적으로 인적 자원에 소홀했기 때문이다. 반면에 빈약한 자원을 딛고 인적 자원에 치중한 나라들은 선진국의 반열에 올라 있다.

회사도 마찬가지다. 제품의 개발보다 더욱 신경써야 할 것이 사람 관리다. 사람이 서면 제품은 따라오게 된다. 하지만 사람이 서지 못 하면 아무리 잘 만든 제품도 그 구실을 못하고 회사의 실적은 저조 하게 된다.

소위 잘나가는 기업들은 제품 개발 못지 않게 인재 양성에 전력을 기울인다. 그리고 그들의 에너지를 십분 활용하기 위해 여러 가지 프 로그램을 가동한다. 회사에 꽉꽉 차서 넘쳐나는 에너지, 그것을 활용 해서 제품도 개발하고 마케팅도 하고 전략도 짜는 것이다.

발전소를 지은 연후에 전기를 돌려 불을 밝히듯, 먼저 사람에 투자하고 그곳에서 나오는 에너지를 회사의 동력으로 삼아 힘차게 전진하는 것이다. 이것이 바로 선진 기업들이 구사하는 사람 중심의 경영 기법이다.

어떤 기업도 마찬가지다. 그곳을 움직이는 주체는 사람이다. 사람의 에너지를 끌어오지 못하는 회사는, 미안한 말이지만 죽을 날을 받아 놓은 시한부 운명과 같다.

회사의 눈치만 보면서 시키는 일만 하는 수동적 사원들이 많은 곳은 그 어떤 기술력을 지녔어도 무한 경쟁의 시대에서 버텨낼 수 없다. 사원들의 자발적 에너지가 확확 샘솟을 때 비로소 회사는 험한 세파를 뚫고 앞으로 나아갈 수 있다.

짐 콜린스(Jim Collins)[1]가 그의 저서 《좋은 기업을 넘어 위대한 기업으로》에서 한 다음의 말은 몇 번을 곱씹어 음미할 가치가 있다.

"위대한 회사를 일군 경영자들은, 버스를 어디로 몰고 갈지를 정한 뒤에 사람들을 태우지 않는다. 그들은 버스에 적합한 사람들을 먼저 태운 후에 버스를 어디로 몰고 갈지 생각한다."

---

1. 1958년 미국 출생. 스탠퍼드대학교 경영대학원 교수. 저서로는 《성공하는 기업들의 8가지 습관》과 《좋은 기업을 넘어 위대한 기업으로》 외 다수가 있다. 현재 매니지먼트랩(Management Lab)이라는 경영연구소를 설립해 저술과 컨설팅에 주력하고 있다.

이 말은 위대한 기업의 리더들은 '사람 먼저'라는 단순하지만 실행하기 어려운 진리를 이해하고 실천하고 있다는 뜻이다.

이처럼 CEO는 마땅히 사람에 대한 깊은 이해를 해야 한다. 사람을 알고 사람을 잘 쓰는 사람만이 회사를 이끌어 나갈 수 있다.

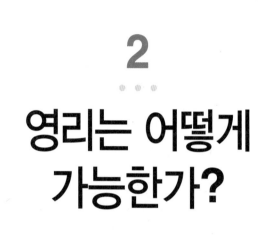

2

영리는 어떻게
가능한가?

회사는 무슨 일이 있어도 영리를 창출해야 한다. 영리 창출을 위해 만들어진 곳이 회사이기에, 영리의 고갈은 곧 회사의 존립 기반을 송두리째 허물게 된다.

그렇다면 영리란 무얼까?

쉽게 말해, 그것은 영업으로 벌어들인 돈이다. 다시 말해 투자한 것에 대비하여 생겨나는 이익이다.

그래서 모든 회사는 예외 없이 돈에 초점을 맞춘다. 회계장부를 놓고 돈의 출납을 일일이 체크하면서 평가와 재투자를 결정한다.

영리가 회사의 청사진이라는 사실엔 누구도 이견이 없다. 그렇기에 회사의 의사 결정이란 영리의 잣대로 이뤄지게 된다.

이렇게 모든 회사가 영리에 초점을 맞추는데도 여간해선 이윤이란 것을 내기가 쉽지 않다. 영리만 보고 죽어라고 열심히 걸어가는데도 그놈의 이윤이란 것은 무지개처럼 잡힐 듯 잡히지 않는다.
그래서 마치 짝사랑하는 청춘 남녀처럼 늘상 갖은 애만 태운다.

이런 정도는 그래도 괜찮다. 돈줄이 말라 언제 무너질지 모르는 살얼음판을 걷는 회사가 부지기수가 아닌가. 여기서 오는 극심한 압박과 스트레스는 인생을 가리켜 왜 고해(苦海)라고 하는지 뼈저 리게 알게 해 준다.

그렇다면 왜 돈이란 것은 뜻대로 움직여 주지 않는 것일까?

그것은 돈의 속성을 잘 모르기 때문이다.

돈은 청개구리다!

돈을 보면 돈은 멀어진다. 물론 예외는 있겠지만 거의 대부분이 반대 방향으로 흐른다.

갈퀴질을 할 때 빨리 낙엽을 끌어 모으려고 세게 하면 오히려 잘 안 된다. 살살 해야 낙엽들이 수북이 갈퀴 안으로 들어온다.

마찬가지다. 이익에 집착하면 이익은 오히려 멀어진다. 왜냐? 이익은 어느 하나로 쪼개져서 존재하지 않고 늘상 관계망으로 짜져 있기 때문이다.

이익이라는 열매를 따먹으려고 힘을 쏟으면 그 옆의 관계망이 끊어지면서 이익 자체도 부서지고 만다.

몇 달 동안 발품을 팔아 마침내 산삼을 발견했다고 치자. 이때 급한 마음에 산삼을 빨리 캐려 하면 그 뿌리가 끊어지면서 상품 가치를 잃고 말 것이다.

산삼을 캘 때는 여유를 가지고 그 주변의 흙을 덩어리째 파 들어가야 한다. 산삼만 달랑 파내려 하지 말고 주변의 흙과 함께 한꺼번에 퍼올려야 한다.

영리란 것도 이와 같다. 돈만 벌려 하면 영리는 결코 수중에 들어오지 않는다. 영리란 산삼이 그 뿌리를 주변의 흙 속에 칭칭 감고 있는 것처럼 늘상 관계로 이루어져 있다.

지갑이나 통장, 장롱 속에 있는 돈을 제외하고 모든 돈은 이처럼 관계망으로 형성되어 있다.

따라서 돈을 벌려고 한다면 돈과 관계를 한꺼번에 취해야 한다. 돈만 똑 따먹으려는 생각은 돈을 잃는 지름길이다.

일본 동경 시내의 한 골목에 라면으로 유명한 집이 있다. 그 집은 밤새도록 우려낸 육수가 조금이라도 마음에 들지 않으면 그날 가게 문을 열지 않는다.

몇 십 만 원을 투자해서 만들어낸 육수를 그대로 버린다. 돈을 벌어도 시원찮을 판에 손해를 보고도 눈썹하나 까딱하지 않는다.
그 가게의 주인은 왜 그러는 것일까?

주인은 돈 벌려는 마음이 없는 것일까?

라면 가게 주인이 고생하며 장사를 하는 것은 돈을 벌기 위함이다. 하지만 그의 눈엔 돈만 보이는 것이 아니다. 돈과 주변의 관계망이 함께 보인다. 그래서 주인은 고객들의 만족도를 고려해서 과감히 국물을 버리고 문을 닫는 것이다.

돈과 관계를 한 덩어리로 보는 라면 가게 주인은 돈을 벌 수밖에 없는 사람이다.

우리 동네에 치과가 두 곳 있다. 한 치과는 사람의 이를 돈으로 본다. 하지만 다른 한 치과는 이를 이로만 본다.

1년 동안은 첫 번째 치과가 돈을 많이 벌었다. 하지만 그 치과는 불과 2년을 넘기지 못하고 병원 문을 닫고 말았다.

반면 두 번째 치과는 환자가 줄을 이으며 성업을 하고 있다.

왜 이런 일이 발생한 것일까?

돈은 관계로 되어 있기 때문이다. 어떤 경우든 돈만 홀로 돌아다니는 일이 없다. 따라서 영리란 것은 관계망과 얽혀서 이루어진다는 사실을 직시해야 한다.

물론 이런 얘기를 모르는 기업인은 없다. 하물며 조그만 가게를 하는 자영업자들도 훤히 아는 얘기다.

하지만 문제는 현실에서 돈과 얽히게 되면 자신도 모르게 돈만 보게 된다는 사실이다. 영리에 대한 목적이 너무 강하다 보니 주변 을 살필 마음의 여유를 잃게 되는 것이다.

그래서 유능한 CEO는 자신의 마음을 절제할 줄을 안다.

카지노의 예를 들어 보자.
모처럼 휴일을 맞아 정선 카지노로 친구들과 함께 놀러 갔다. 이때 당신은 어떤 마음으로 카지노 게임을 할 것인가?

만일 돈을 딸 생각을 갖는다면 당신은 돈을 잃게 될 것이다.

더 나아가 돈을 반드시 따야겠다고 굳은 결심을 한다면 당신은 엄청난 액수의 돈을 잃게 될 것이다. 확률과 심리의 법칙에 따라 당신의 호주머니는 빈털털이가 될 수밖에 없다.

돈에 집착하는 순간 카지노장은 도박장이 된다. 자고로 도박으로 성공한 사람의 예는 거의 찾아 볼 수 없다.

행여 부자가 됐다는 사람이 있더라도 삶의 질과 가치로 봤을 때 결코 성공했다고 말할 수 없다.

하지만 당신이 생각을 바꿔 돈을 딸 생각을 멈춘다면 상황은 180도 달라진다. 카지노장은 단순한 게임장으로 바뀌고 당신은 그저 주어진 시간을 즐기게 될 것이다.

이렇게 되면 돈을 잃어도 그 액수가 적을 것이고 경우에 따라서는 딸 확률도 생겨나게 된다.

그런데 변수는 돈을 잃었을 때와 돈을 땄을 때 생겨 난다.

당신이 미리 책정한 돈을 몽땅 잃었다고 가정하자. 이때 본전을 회복하려는 심리가 발동한다면 그건 돈을 돈으로 본다는 얘기다.

이미 소정의 돈을 즐거움에 소비했으면 충분하다. 그런데 잃은 돈에 대해 계속해서 집착한다면, 다시 말해 본전 생각에 머릿 속이 어지러워진다면 당신은 돈을 돈으로 보고 있는 것이다.

당신은 지금 게임이 아닌 도박을 하고 있는 것이다.

이런 심리 상태로는 결코 돈을 딸 수 없다. 돈이라는 색안경을 쓴 당신은 현실을 제대로 읽어낼 수 없다. 그러니 돈을 잃게 되는 것은 자명한 사실이다.

이익의 속성을 모르고
회사를 운영해서야 쓰겠는가!

　돈을 땄을 경우, 자신이 정해 놓은 시간이 됐을 때 아무렇지도 않게 자리를 털고 일어나야 한다.

　만일 그렇지 못하고 '오늘 운수 대통이다'라는 생각으로 자신과의 약속을 어긴다면 당신은 두말할 필요도 없이 도박을 하고 있는 것이다. 결국 확률과 심리의 법칙에 의해 당신의 호주머니는 거덜나게 될 것이다.

　돈이란 참으로 묘한 것이, 돈을 따려 하면 그 돈은 조각나고 만다. 앞서 말한 산삼 뿌리처럼 말이다.

　간혹 적은 확률을 뚫고 도박에서 큰 돈을 따는 경우가 있다. 실제로 지인이 하룻밤을 꼬박 세워 3만 달러를 딴 적이 있었다. 하지만 그 3만 달러는 허수이다.

　허수라면 오히려 괜찮다. 3만 달러 이상의 돈을 감쪽같이 먹어 치울 함정이란 것이 문제이다.

　결국 지인은 며칠 뒤 5만 달러를 잃고 말았다. 그가 돈을 가치를 위한 수단이 아닌, 돈으로만 보기에 생겨난 필연적 결과이다.

　주식도 마찬가지이다.

　당신이 산 주식이 10%의 이익을 냈고, 당신은 기쁜 마음에 그것을 되팔았다. 그 다음날 그 주식은 일주일간 연속해서 상한가를 친다.

　이런 상황을 보며 가슴을 내리친다면 당신은 일찌감치 주식에서 손을 떼는 편이 낫다. 당신의 눈이 돈만을 향하고 있기 때문이다.

　당신이 판 주식이 대박을 쳐도 마음에 아무런 동요가 없어야 한다. 그런 사람만이 주식을 할 수 있다. 나름의 원칙이 없이 돈의 득실만을 따지는 자는 냉정한 판단을 할 수 없다.

　함수의 그래프 상에서 관계가 아닌 한 점(돈)에 집중된 마음은 당

신의 호주머니를 가볍게만 할 뿐이다.

사실 회사를 경영하다 보면 자신도 모르게 투자와 투기를 헷갈릴 때가 종종 있다. 자신은 분명 투자라고 생각하고 배팅을 하지만 결과는 투기가 되어 돌아오기도 한다.

돈만을 보고 하는 투자는 몇 번은 성공할지 몰라도 결국은 실패할 확률이 크다. 더군다나 돈에 혈안이 돼버리면 이땐 완전한 투기로 전락되어 도박의 폐해가 나타나게 된다.

이런 식으로 회사를 운영한다면 늘 외줄을 타는 것과 같은 위태로움이 떠나지 않을 것이다.

투자냐, 투기냐? 게임이냐 도박이냐?

그것은 경영자의 경영철학, 다시 말해 경영에 대한 뚜렷한 청사진이 있고 없고에 따라 나뉘게 된다. 그리고 여기서 회사의 이익 산출 구조도 바뀌게 된다.

영리만을 바라보는 회사는 밑 빠진 독에 물 붓는 것처럼 의외로 이윤의 증발이 많게 될 것이다. 반면 주변과의 관계망에서 영리를 찾는 회사는 느린 듯 하지만 결과적으로 안정된 성장을 이끌게 될 것이다.

스페인의 의류회사인 자라(ZARA)의 파블로 이슬라 회장이 매 강연 때마다 "사람들의 가치를 알아보는 일이 무엇보다 중요하다"고 강조한 이유가 여기에 있다.

이처럼 영리를 바라보는 단순한 시각 차이에 의해 회사의 운명은 엇갈리게 된다. 이는 카지노가 대하는 사람의 심리에 따라 게임과 도박으로 나뉘는 것과 같다.

따라서 어느 곳을 어떻게 바라보느냐의 문제는 결코 소홀할 수 없다. 더군다나 그가 회사의 CEO라면 영리에 대한 시각차는 더 큰 파장을 몰고 올 것이다.

회사의 영리, 그것을 바라보는 시각에 따라 상반된 결과를 가지고 온다.

영리는 결코 홀로 존재하는 법이 없다. 영리는 산삼 뿌리처럼 관계에 의해 덩어리로 존재한다는 사실을 바로 알아야 할 것이다.

외줄을 타는 경영은 영리만을 보기 때문이다.

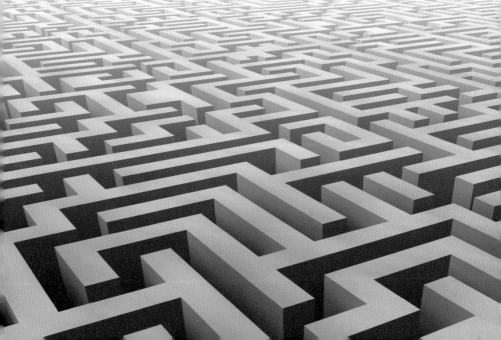

3

. . .

이익과 가치의
청사진

우리는 주변에 돈만 보면 혈안이 되는 사람이 있다. 이런 사람은 절대로 사업 을 하면 안 된다. 아니, 구멍가게도 차려서는 안 된다. 그저 남의 밑에 들어가서 일하는 편이 좋다.

그렇다면 자본주의 세상에 어느 누가 돈을 돈으로 보지 않고 관계로 볼 수 있겠는가?

황금을 돌처럼 보는 최영 장군이나 돈에 초탈한 황희 정승이 되지 않고는 불가능한 일일 것이다.

그런데 돈을 돈으로 보지 않으면 무엇으로 보라는 말인가? 영리에 민감하지 못하면 자칫 현실 논리가 떨어져서 경영에 지장을 초래할 것이 불을 보듯 뻔하지 않겠는가.

영리를 추구하지 말라는 말이 아니다. 앞서 반복해 말했듯이 영리만 보면 영리를 놓치게 되니 하는 말이다.

영리의 옆에 주변 관계를 고려한 가치를 함께 놓아라. 어떤 가치가 됐든 관계에 의해 파생되는 것이라면 상관 없다.

가치란 관계망에 의해 형성되는 공동의 효용을 말한다. 이익이나 돈 같은 물질적 잣대 외에 감동이나 보람, 재미를 나눌 수 있는 공동의 컨텐츠를 찾아라. 영리와 함께 그러한 가치를 묶어 회사의 청사진을 그릴 수만 있다면, 영리에 치우침으로써 파생되는 이윤 손실의 문제를 손쉽게 해결할 수 있을 것이다.

영리와 가치!

이 두 마리 토끼를 동일선상에 놓고 바라본다면 저절로 관계로 보게 되고, 산삼의 흙뿌리처럼 관계에 의한 영리가 성립될 것이다.

영리와 가치는 어느 한쪽으로 치우쳐서는 안 된다. 그런 회사는 절름발이가 되어 정상적으로 굴러갈 수 없다. 영리와 가치는 두 바퀴 수레의 양 바퀴와 같다.

영리는 쉽게 말해 벌어들인 돈이다. 돈을 벌기 위해서는 현실을 정확히 파악해야 한다.

그런데 현실을 바로 보기 위해서는 관계로 살펴야 한다. 관계로 보지 않고는 결코 현실을 직시할 수 없다. 왜냐, 현실 자체가 관계망에 얽혀 복잡하게 돌아가기 때문이다.

가치는 회사가 지닌 에너지장이다. 에너지가 얼마나 자연스럽게 흘러나와 회사가 추구하는 청사진을 향해 흘러가는지를 보는 것이다. 에너지를 관리할 줄 모르면 결코 회사를 온전하게 운영할 수 없다.

영리와 가치, 이것 모두 관계망에 뿌리를 두고 있다는 공통점이 있다.

영리 → 현실 → 관계
가치 → 에너지 → 관계

요즘 들어 부쩍 직장 내의 성추행이 급증했다. 하지만 여성들의 80% 가까이가 속으로 참고 견딘다고 한다. 성추행을 보고해도 회사의 태도가 여성에게 불리한 쪽으로 흐르기 때문이다.

회사에선 일 잘하는 남자 상사를 보호해 주는 경향이 짙다. 이는 회사의 영리에 얼마나 기여하는지를 잣대로 삼아 직장 내의 불상사를 판단하는 까닭이다. 이런 회사는 오로지 영리만을 청사진으로 세운 회사이다.

가치를 보는 회사라면 그 남자 상사는 회사의 에너지를 갉아먹는 좀벌레다. 그는 현실적 재능은 뛰어나지만 가치 부분에서 회사에 손실을 입히고 있다. 따라서 그 직장 상사의 점수는 평균 이하가 될 것이다.

생각해 보라. 그 직장 상사의 행실에 의해 회사원들의 자부와 긍지, 애사심 등이 얼마나 많은 상처를 입는지 말이다.
여기서 발생되는 에너지의 손실은 이만저만한 것이 아니다. 흔히 능력만 있으면 된다는 말들을 하는데, 그것은 영리만을 고려한 절름발이 생각이다.

가치 또한 같은 선상에 놓고 봐야 한다. 가치를 볼 줄 모르는 리더는 진정한 리더가 아니다. 회사원들 한 명 한 명에게 흐르는 에너지를 관리할 줄 알아야 회사는 경쟁력을 갖추고 도약할 수 있는 토대를 마련하게 된다.

〈포보스〉가 선정한 세계 25대 혁신브랜드 중 하나로 보아(BOA) 테크놀로지라는 회사가 있다. 언젠가 그 회사 직원 한 명이 백혈병에 걸려 병원 신세를 지게 됐다. 마크 소더버그 회장은 모든 직원을 회의실로 불렀다.

"우리 친구가 아프다. 우리는 어떻게 해야 할까?"

회의 도중 한 직원이 삭발하는 것이 어떻겠느냐는 아이디어를 냈다. 모두들 기쁜 마음으로 찬성했고, 곧바로 미용사를 불러 모든 직원이 삭발을 했다. 그리고 그 자리에서 화상전화를 걸었다.

"잘 지내나요? 우리는 지금 당신과 똑같습니다."

백혈병에 걸린 직원은 크게 감동했다. 그는 건강을 되찾아 퇴원했고 지금은 회사에서 성실히 업무에 임하고 있다.

마크 소더버그 회장은 어느 언론사와의 인터뷰에서 다음과 같은 말을 했다.

"제 신조 가운데 하나는 사람이 그 어떤 지위나 자본보다 중요하다는 겁니다. 저는 과거에 스키 회사를 운영하였는데, 수치(영리)만을 따지다가 망했습니다. 이후 저는 깨달았습니다. 사람(가치)이 회사의 전부라는 사실을요."

　얼마 전 프라다와 아베크롬비라는 의류회사의 외모 비하 발언이 사회적 문제가 됐다.

　프라다는 일본 내 지점에 '못생기고, 뚱뚱하고 나이가 많은 매장 매니저와 직원 15명을 정리하라'는 공문을 내려보냈다가 구설수에 올랐다.

　이 공문의 부당함을 지적한 관리자마저 해고함으로써 현재는 법정 문제로까지 치닫고 있다.

　그리고 아베크롬비 CEO는 몇 해 전 한 언론과의 인터뷰에서 "뚱뚱한 고객이 들어오면 물을 흐리기 때문에 엑스라지(XL) 이상의 여성 옷은 안 판다"는 말을 한 것이 SNS를 통해 알려지면서 소비자들의 거센 반발을 불러왔다.

　이런 발언이 나오게 된 이유는 회사의 청사진에 가치가 없었기 때문이다.

　다행히 두 회사는 수백 억 원의 손실을 입는 정도에서 그쳤지만, 근본적으로 사고를 바꾸지 않는다면 필히 회사의 존폐 위기로 이어질 것이다.

영리와 가치라는 두 마리 토끼, 다소 힘들겠지만 동시에 취하는 수밖에 없다. 그래서 회사 경영은 어렵다.

하지만 사고의 틀을 살짝만 바꾸면 그렇게 어려운 것이 아니다. 약간의 노력만 하면 얼마든지 영리와 가치를 한꺼번에 수중에 넣을 수 있다.

유한양행이 그 실례를 잘 보여주고 있지 않은가.

(주)유한양행은 유일한 박사에 의해 1926년 12월에 설립됐다. 설립 취지는 '건강한 국민만이 잃어버린 주권을 되찾을 수 있다'였다.

그리고 오늘날 유한양행의 기업 이념은 '사회에서 얻은 기업의 이윤을 사회로 환원한다'이다. 시종일관 이윤과 가치가 어우러진 청사진을 지닌 회사라 하겠다.

그래서 그런지 유한양행은 설립 시점부터 지금까지 노사분규가 단 한 차례도 없었다. 그것은 국내 최초의 종업원지주제(1936년), 업계 최초의 주식상장(1962년), 국내 최초의 전직원 스톡옵션 실시(1993년), 업계 최초의 정년연장(2010) 등의 모범적 기업 운영 덕택일 것이다.

이처럼 회사가 이윤과 가치의 조화 속에서 운영될 수 있었던 것은 설립자인 유일한 박사의 청사진 덕분이다.

그는 평생토록 자신이 세운 청사진을 그려 나갔고, 전 재산을 사회에 환원함으로써 유종의 미를 거두었다. 그리고 그 정신은 유한양행의 청사진이 되어 오늘도 힘차게 회사를 이끌고 있다.

영리와 가치의 조화!

그것은 이제 기업의 미덕에서만 그치는 것이 아니다. 회사의 생존을 위해서도 필수 불가결한 요소가 되었다.

자, 그럼 이제부터 자신들의 회사의 청사진을 그려 보자.

영리와 가치가 함께 하는 회사의 비전을 그려보는 것이다. 적어도 1~2시간은 숙고해 보자.

충분히 생각해 봤는가?

회사의 가치를 너무 어렵게 생각할 필요가 없다. 사원과 고객이 공동으로 만족하는 그림을 설정해도 되고, 어떤 면에서는 사회나 국가에 이바지하는 그림을 첨가해도 된다.

이런 거창한 것이 아니어도 뭔가 문화적으로 색다른 감상의 포인트를 띠는 그림도 좋다. 어떤 분야 어떤 내용이라도 영리 위주로만 채워지지 않으면 된다.

자, 다시 한 번 자신이 세운 회사의 청사진을 검토해 보자.

만일, 청사진에 가치를 세우는 부분에서 자꾸 머뭇거리게 된다면 이것은 영리에 대한 생각을 떨쳐낼 수 없기 때문이다.

왜, 그런가?

이 점을 명확히 알려면 인간의 근본 심리를 되짚어 볼 필요가 있다.

사실 인간이면 누구나 부닥치는 심리적 걸림돌이 있다. 그것은 크게 네 가지로 나눌 수 있는데, 다음과 같다.

---

1. 나를 인정받고 싶어 하는 데서 오는 걸림. (인정/認定)
   - 타인의 눈을 사로잡고 싶은 마음 (어떻게 하면 돋보일까?) -

2. 남을 내 뜻대로 통제하려는 데서 오는 걸림. (자의/自意)
   - 내 마음대로 남을 가지고 놀고 싶은 마음 (내 말을 왜 안 듣지?)-

3. 내가 어떤 존재가 돼야 한다는 당위성에서 오는 걸림. (위상/位相)
   - 어떤 사람이 돼야 한다는 초조함 (지금의 내 위치는 뭐지?) -

4. 나의 존재를 합리화·정당화하려는 데서 오는 걸림. (의미/意味)
   - 내가 하는 일이 의미가 있는지에 대한 반문 (내가 잘 하고 있나?) -

이상의 네 가지 걸림돌을 사애(四碍)라 한다. 사애에 대한 집착이 강한 사람은 자신의 이익 구조에 민감하게 되어 자연히 영리 쪽으로 기울어질 수밖에 없다. 가령, 첫 번째 사애의 경우, 자신을 빨리 돋보이기 위해서 회사의 이익에 쉽게 반응하게 된다. 이런 상태에서 세우는 청사진은 어쩔 수 없이 영리 쪽으로 치우칠 수밖에 없다. 간혹 가치를 동등하게 내세우더라도 영리를 위한 수단이 되어 청사진 본래의 의미를 충족시킬 수는 없다(《내 멋대로 살고 싶다》 참조).

사애를 다시 한 번 성찰해 보자.

사애의 걸림은 사람을 조급하게 만든다. 마치 영화를 보듯 화면(그림)으로 보기가 어려워지고 단편적인 영리에만 매달리게 된다.

이렇게 되면 주변의 가치를 돌아볼 겨를이 없다. 산삼을 보는 순간 빨리 취하고픈 욕심에 뿌리가 끊어지는 것도 모르고 잡아 뽑게 되는 것과 같다. 다시 말해 사애에 대한 생각이 앞서면 냉정하게 현실을 직시할 수 없고, 여기서 업무상의 누수가 발생하게 되는 것이다.

이처럼 사애는 심리의 흐름을 영리 쪽으로 치우치게 하고, 이것은 절름발이 경영으로 이어진다. 이렇게 되면 위기를 근원적으로 해결하지 못하고 언발에 오줌 누는 것처럼 임시봉합에 그쳐 외줄 타는 경영이 되고 만다.

걸림이 있되, 그것에 얽매이지 않는다.

그래서 경영자라면 필히 사애로부터 어느 정도 자유로워야 한다. 아니 자유까지는 아니더라도 적당히 유연해져야 한다.

그렇지 않으면 영리에 대한 조급함 때문에 가치를 놓치기 쉽다.

사애로부터 벗어나기 위해서는 딱 한 가지 길 외엔 없다. 그것은 관계로 보는 것이다. 관계로 본다는 것은 나와 남을 동일선상에 올려놓고 관객의 입장에서 보는 것이다.

이렇게 되면 사애는 더 이상 걸림돌이 아니다. 그것은 관계망을 타고 흐르는 힘찬 에너지일 따름이다.

리더는 바로 그 에너지를 적재적소에 활용할 줄 아는 사람이다. 즉, 자신의 내면에서 솟아나는 에너지를 주변과 어우러져 잘 퍼져나게끔 하는 사람이다. 에너지 관리, 이것이 리더의 선결 조건이다.

요즘 들어 부쩍 '가치'니 '창조'니 하는 말들이 많아진다.

시대의 추세에 발빠른 기업들은 가치를 청사진으로 내세운다. 이것은 그들이 영리를 가치와 동일시한다는 것을 의미한다.

하지만 영리를 위한 가치가 되면 가치 본래의 뜻은 퇴색하고 만다. 영리를 위한 가치는 영리의 한 단면에 불과하기 때문이다. 가치는 영리와 상관 없이 가치 그 자체여야만 한다.

가치를 온전히 세우려면 보는 관점부터 바꿔야 한다. 회사의 이익을 뒤로 미루어 놓고 고객이나 사회, 혹은 어떤 문화적 요인과 연관되어 펼쳐지는 아름다운 그림을 그릴 줄 알아야 한다.

이익이 쏙 빠진 상태에서 우리라는 의식에서 그려지는 감동의 스토리가 가치의 본래 모습이다.

가면은 가면일 뿐 얼굴이 될 수 없다.

　가치 창조를 슬로건으로 내건 대기업이 중소기업을 압박하는 행태를 쉽게 볼 수 있다. 중소기업의 목줄을 틀어 쥐고 간신히 숨만 쉬게 하거나, 심지어 그들이 공들여 개발한 기술을 빼돌려 중소 기업을 말살하는 경우도 있다.

　이런 대기업엔 오로지 영리만이 있을 뿐이다.

　그들이 내건 가치란 영리를 위한 일종의 위장막이다. 회사의 영리만 추구하기 위한 전략에서 나온 가치는 더 이상 가치가 아니다.

　영리만을 청사진으로 그린 회사, 그런 회사가 여태껏 잘 버텨 온 것이 사실이다. 하지만 이제 세상이 달라졌다. 급변하는 정보 사회에서는 그런 회사가 설 자리가 점점 좁아진다.

정보가 공유된 세상에선 좋든 싫든 가치라는 면이 부각될 수밖에 없다. 기업의 횡포나 부도덕한 면은 SNS와 같은 각종 정보 매체를 타고 급속도로 전파된다. 이것은 모종의 반기업적 에너지 흐름을 형성할 것이고, 그것이 확산될 때 기업은 사활이 걸린 중대 위기에 봉착하게 될 것이다.

2013년, 우유를 생산하는 모 기업과 술을 빚는 모 양조 회사가 밀어내기 관행 때문에 사회적 지탄을 받았다.

과거만 해도 이런 식의 영업 행태는 현실적으로 손실보다 이익이 컸다. 대리점 업주로부터 불만과 비난을 다소 받더라도 회사에 돌아오는 당장의 이익이 돋보였던 것이다.

하지만 이제 회계장부를 펼쳐 손익만을 저울질하던 세상은 끝났다. 영리 옆에 가치를 끼워 넣지 않고는 회사를 끌고 갈 수 없다.

가치가 없는 회사는 영혼을 잃어버린 기계일 뿐이며, 이런 삭막한 회사는 고객과 사회로부터 철저히 외면 당하게 될 것이다.

영리와 가치!

영리는 현재의 이익이고, 가치는 현재를 포함하여 미래에도 지속적으로 영리를 실현 가능케 해주는 원동력이다.

따라서 둘은 어느 하나도 버릴 수 없는 회사 존립의 양대 축이다.

회사라면 응당 영리와 가치가 적절히 조화된 청사진을 세워야 한다. 이익만 생각하면 가치만 놓치는 것이 아니고 영리 또한 잃게 된다.

그래서 가치는 시대의 화두로 힘차게 띠오르고 있는 것이다.

당신의 회사는 과연 어떤 가치를 청사진으로 삼고 있는가?

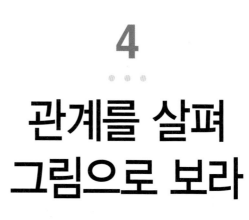

4
...

관계를 살펴
그림으로 보라

앞서 회사의 청사진에 대해 살펴 봤다.

다시 한 번 점검해 보자. 당신의 회사는 영리뿐만 아니라 가치도 창출하는 회사인가?

만일 이 질문에 자신 있게 'YES'라고 답할 수 없다면 왜 그런지 심도 있게 고민해 보자.

가치에 대해 부정하는 분은 이미 본서를 덮었기에 제외하고, 가치를 긍정으로 바라보는 분들만 대상으로 삼아 이야기해 보도록 하겠다.

가치를 청사진에 넣으려고 해도 그것이 쉽지 않다는 사실을 잘 알 것이다. 아무리 가치를 가치로 보려고 해도 그 속에 영리가 끼어드는 까닭이다.

앞서 말했듯 가치에 영리가 개입되는 순간 그것은 영리이지 가치가 아니다. 흔히 영리를 얻기 위한 전략의 일환으로 가치를 활용하는데, 이렇게 되면 포장지만 가치인 꼴이 되고 만다.
얼마 지나지 않아 그 회사가 내세운 눈가림용 가치는 소비자들로부터 철저히 외면을 당하게 될 것이다.

가치는 가치 그 자체여야만 한다.

　창업 초기부터 오늘에 이르기까지 '회사 = 영리'라는 공식으로만 보아온 경영자가 '회사 = 영리와 가치'로 관점을 바꾼다는 것은 결코 쉬운 일이 아니다.

　그렇다면 왜 당신의 눈에 가치가 보이지 않는 것일까?

　그것은 관계로 보는 데에 익숙하지 않기 때문이다.
　관계로 본다는 것은 A와 B를 동시에 보는 것이다. 대개 나 위주로 보는데, 이렇게 해서는 관계로 볼 수 없다. 나의 옆에 남도 놓고 한꺼번에 보는 것, 이것이 관계로 보는 것이다.

　주관과 객관을 동시에 취하라는 말이다.

　관계로 보지 않으면 모든 청사진이 자신의 이익 위주로 짜여지고, 따라서 제대로 된 가치가 성립될 수 없다.

이렇게 말하면 대단히 어려운 것처럼 느낄 것이다. 왜냐, 객관적으로 보라는 말은 어려서부터 줄곧 들어온 훈계지만, 늘상 풀리지 않는 숙제였으니 말이다.

하지만 그것은 그리 어려운 일이 아니다. 소정의 훈련만 거치면 누구나 쉽게 보는 관점을 넓혀 자유롭게 객관화할 수 있다.

시공이 넓어진 시야에서 그려지는 청사진, 여기서 나오는 긍정의 에너지가 가치이다.

1. 구조로 보라

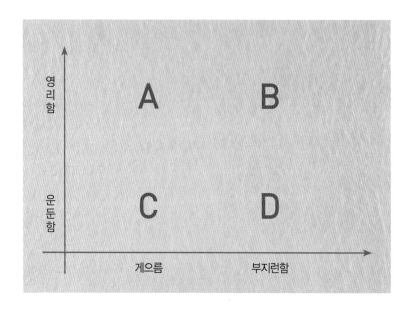

이상의 도표는 한때 유행하던 것인데, 여기에는 네 가지 형태의 리더가 나온다. 정리하면 다음과 같다.

A타입	영리하면서 게으른 성향
B타입	영리하면서 부지런한 성향
C타입	영리하지 않으면서 게으른 성향
D타입	영리하지 않으면서 부지런한 성향

이 가운데 당신은 과연 어떤 타입인가?

자, 이제 당신의 타입을 찾았으면 다음의 질문에 답해 보자.

A, B, C, D 가운데 리더로서 가장 적합한 타입은 어느 것일까?
또한, 만일 당신의 회사에 A, B, C, D 성향의 사원들에게 직급을 준다면 어떻게 배치하는 것이 가장 이상적일까?

교향악단에서 울려퍼지는 화음을 생각하면서 적어도 30분 이상은 생각해 보자.

충분히 생각해 봤는가?

그럼 이제 정답을 알아 보자.

회사의 CEO는 영리하면서 게으른 A에게 돌아가야 한다.

옛말에 '게으른 지게꾼이 짐을 많이 진다'고 하였다. 게으른 자는 한가한 시간을 많이 갖기 위해 구조적으로 살핀다. 자신이 자리를 비워도 일이 척척 진행되도록 에너지 효율을 극대화하려 한다.

따라서 영리하면서 게으른 A는 관계를 살펴 구조적으로 회사를 볼 수밖에 없다. A가 자리를 비워도 전혀 이상 없이 돌아가는 회사, 이런 회사는 구조적으로 잘 짜여진 곳이며, 어떤 위기가 닥쳐도 잘 극복해 나갈 수 있다.

흔히 영리하면서 부지런한 B를 CEO로 보기 쉽다. 하지만 B는 CEO에 적합한 인물이 아니다.

B에게는 부하 직원들의 일처리가 영 눈에 차지 않을 것이다. 그래서 이리저리 직접 나서서 모범을 보인다든지, 독려하든지 하며 온갖 부지런을 떨 것이다. 늘 카리스마가 넘치는 리더로서 회사의 중심에 우뚝 서게 될 것이다.

그런데 CEO의 행보가 눈에 띠게 많아지면 그만큼 회사의 에너지는 CEO에게 집중된다. 얼핏 보면 이런 구조가 활력이 넘치는 듯 보인다. 회사를 진두지휘하며 '동에 번쩍, 서에 번쩍' 하는 CEO의 모습을 보면, 회사는 눈부신 발전을 할 것처럼 보인다.

하지만 결과적으로 이런 회사는 앞으로 나아가기 어렵다. 회사 전체의 에너지 총량으로 봤을 때 그다지 효율적이지 못하기 때문이다.

이런 예에 딱 들어맞는 사람이 대우의 김우중 전 회장일 것이다. 김우중 회장은 영리하면서 부지런하다.

그를 옆에서 지켜본 사람들에 의하면 그는 한마디로 일벌레다. 사업상 따라붙는 술자리도 웬만해선 하지 않고, 잠도 줄여가면서 오로지 일만하는 사람이란다. 홍길동처럼 세계 곳곳을 누비면서 부지런하게 움직였다.

CEO가 이렇게 왕성한 활동을 하는 것이 반드시 바람직한 것은 아니다. CEO는 가급적 행보를 줄이고 회사 전체가 구조적으로 움직이도록 해야 한다.

요임금과 순임금이 성군이 될 수 있었던 것은 그들의 존재감이 거의 없었던 때문이다. 회사도 이와 별반 다르지 않다.

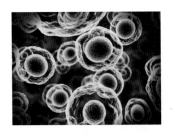

생명체를 봐라. 각각의 세포가 분열돼야지만 그 생명체는 성장하고 발전하지 않는가.

마찬가지로 직원 한 명, 한 명이 살아 움직이고, 이것이 모아져 회사 전체의 에너지로 나타날 때 그 회사는 성장하게 된다.

머리가 너무 커지면 가분수가 되고 만다.

가분수로는 오래 걸을 수 없다. 따라서 B타입은 중간 리더라면 모를까 회사의 CEO에는 적합하지 않다.

회사의 CEO는 한가로워야 한다.

그의 존재감이 줄어드는 만큼 회사는 유기적으로 움직일 것이고, 어떤 위기에도 흔들리지 않고 고지를 향해 경쾌한 행보를 해나갈 것이다.

CEO인 당신, 하루 일과가 정신 없이 바쁘고 늘상 위기감에 가슴 조린다면, 회사의 에너지는 당신에게 초점이 지나치게 쏠려 있다는 반증이다. 다시 말해 회사의 에너지 효율이 좋지 않고 따라서 위기 관리에 부실할 수밖에 없는 구조를 가진 것이다.

회사를 생명체로 보고 에너지를 일관되게 끌어올 수 있는 구조를 찾아라.

직원 한 명, 한 명에서 흐르는 에너지가 다른 곳으로 새지 않고, 회사 전체의 에너지장으로 활용될 수 있는 방안을 궁구하라.

구조와 에너지를 읽으려고 하면 할수록 당신의 눈엔 관계라는 또 하나의 코팅이 생겨날 것이나.

D타입은 하급 직원이면 족하고, C타입은 미안한 말이지만 어디에도 쓸 데가 없다. 이런 직원은 에너지 손실을 가져올 것이다.

자, 이제 다시 한 번 자신과 회사를 되돌아 보자.

A타입이 될 수 있겠는가?

그러려면 회사의 에너지 흐름이 저절로 돌아가게끔 구조를 짜야한다. 그렇지 않고는 어쩔 수 없이 B타입의 CEO가 될 수밖에 없다.

A타입의 CEO가 되려면 매사를 관계로 봐야 하는데, 이것이 아무래도 어려울 수 있을 것이다.

누차 말하지만 회사에선 모든 것에 이익을 결부한다. 이런 습성 때문에 무엇을 보더라도 돈으로 보인다. 이런 상태에서는 회사의 에너지를 제대로 읽어낼 수 없다.

그렇다면 어떻게 해야지만 이익만으로 꽉 채워진 시야에 여유 공간을 마련할 수 있을까?

그것은 앞서 설명했듯이 당신의 심리 깊숙한 곳에 네 가지 걸림돌, 즉 사애를 돌아보면 된다. 그것을 뿌리 뽑기는 어렵지만 둥그렇게 다듬을 필요가 있다.

다시 한 번 사애에서 오는 걸림을 생각해 보자.

1. 나를 인정받고 싶어 하는 데서 오는 걸림.

2. 남을 내 뜻대로 통제하려는 데서 오는 걸림.

3. 내가 어떤 존재가 돼야 한다는 당위성에서 오는 걸림.

4. 나의 존재를 합리화·정당화하려는 데서 오는 걸림.

이상의 사애는 성인(聖人)이 아니라면 누구나 지닐 수밖에 없는 인간의 근원적 속성이다. 하지만 이것이 강해서는 매사를 자신 위주로만 보게 되고, 이런 상태에서는 관계로 볼 수 없다.

관계로 보지 못하면 가치가 청사진에 개입될 수 없고, 당신의 회사는 에너지 관리에서 실패하고 만다.

사애는 손에 잡히는 어떤 물질이 아니기에 쉽게 다룰 수 없다. 하지만 사애를 인정하고 바라보는 것만으로도 상당히 부드러워진다. 이렇게 되면 사애는 여기저기 틈을 보이게 되고, 그 틈으로 또 다른 객관의 세상이 들어오게 된다.

이때 당신은 마음속이 시원하게 뚫리며 허공이 된 느낌을 얻게 될 것이다. 당신의 시공은 넓어졌고, 그 속을 채우는 당신의 마음은 크고 원대하다.

사애를 피하지 말고 인정하라.

피상적인 인정 말고, 사애를 진지하게 바라보고 그것들이 만들어내는 내면의 장벽을 느껴 보라. 나와 남을 강력하게 차단하는 철옹성이 존재한다는 사실만 인지해도 관계의 문은 열리게 된다.

사애는 그 존재를 인정하면 굳게 닫힌 문을 더 이상 고집하지 않는다. 사애는 조금이나마 길을 열어줄 것이고, 그 길로부터 당신은 객관의 에너지를 접하게 될 것이다.

그 눈으로 회사를 바라본다면 회사는 이면의 구조를 여실히 드러
낼 것이고, 에너지의 흐름이 당신의 시야에 포착될 것이다.

회사에 흐르는 에너지, 그 에너지의 원천인 직원들이 보이면 이제 당
신은 진정한 리더이다.

사애를 관리하면 에너지가 흐른다.

2. 그림으로 연결하라

학창시절, 어떤 학생은 노력에 비해 성적이 잘 나오는 경우가 있다. 그런 학생을 보면 대개 타고난 머리가 좋아서 그렇다고 한다.

맞는 말이다. 선천적으로 두뇌가 좋지 않고서는 노력 대비 좋은 결과를 내기 어렵다.

그런데 여기서 머리가 좋다는 것은 단순히 IQ를 말하는 것이 아니다. 기이하게도 게으름의 묘리를 알기에 머리가 좋다고 한 것이다. 앞서 언급한 A타입의 조건을 본능적으로 터득하고 있는 것이다.

게으른 사람은 적은 시간을 투자해서 공부의 효율을 높이려 한다.

따라서 학습에 대해 구조적으로 살필 수밖에 없다.

누수되는 에너지를 없애고, 모아진 에너지는 최대한 오래도록 끌고 갈 수 있는 구조를 살핀다. 그리고 이런 구조에 적합한 학습법을 찾아 남보다 좋은 성적을 내게 된다.

그렇다면 A타입 학생의 공부법을 잠시 살펴 보자.

공부의 기본은 예습과 복습이다. 둘 다 중요한데, 비중은 다르다. 어느 것이 비중이 클까?

공부를 잘하는 학생이라면 예습을 꼽는다. 왜냐? 예습은 선생님과의 에너지 흐름을 원활히 할 수 있기 때문이다. 예습을 강조하는 학생은 앞으로의 학습 내용을 미리 그려 봄으로써 관계로 보는 법을 어느 정도 터득하고 있는 셈이다.

예습은 그림을 그리기에 부족한 부분을 인식하여 질문 목록을 만들고, 수업이 이것에 초점을 맞춰 이뤄지게 하는 정도면 충분하다.

　예습이라는 짧은 투자를 통해 그날의 수업에서 큰 에너지를 얻게 될 것이다.

　수업이 끝나면 복습이라는 과제가 놓여 있다. 복습을 어떻게 하면 효율적일까?

　복습이란 한마디로 퍼즐 맞추기다. 당신이 그려 놓은 숲에 새로 들어온 나무를 하나씩 심는 과정이다.

　따라서 숲을 보면서 나무를 심는 것이 중요하다. 큰 그림 속에 낱낱의 정보를 끼워 넣어야지 정보에 대한 깊은 이해를 할 수 있고, 그만큼 정보는 오래도록 기억에 남아 있게 된다.

　바로 그림으로 정리하고 그림으로 암기하는 것, 이것이 복습이다.

따라서 이렇게 하는 학생은 적은 시간 투자로 큰 효과를 얻을 수밖에 없다.

예습과 복습, 이것은 관계를 활용한 학습 기법이다. 다시 말해 큰 그림을 세우고 그것을 잣대로 보고 듣고 생각하는 것이다. 그래서 무턱대고 암기하는 것보다 높은 효율을 내게 된다.

관계를 살펴 그림으로 보는 법, 이것은 비단 학생에게만 필요한 것이 아니다. 회사를 경영하는 CEO라면 반드시 취해야 할 사고의 기법이다.

매사에 그림으로 보는 훈련을 한다면 부지불식 중에 관계로 보게 된다. 관계로 본다는 것은 단편이 아닌 전체를 보는 것이고, 그만큼 에너지의 흐름을 파악하기 쉬워진다.

다음을 체크해 보자.
첫째, 매사를 O, X로 단정적으로 말하지는 않는가?
둘째, 단면을 보고 판단을 섣불리 하지는 않는가?

위의 질문에서 자유롭지 않다면 아직도 관계로 보는 것에 익숙하지 않은 것이다. 관계로 보게 되면 O, X로 단정할 만한 경우가 드물게 되고, 또한 단면이 부각되지 않아 섣부른 판단을 웬만해선 하지 않게 된다.

관계로 보면 당신의 머릿속은 영화관이 된다. 생각의 스크린에, 오감을 통해 들어오는 정보들을 모자이크처럼 연결하고, 그럼으로써 당신은 작품을 창조하는 감독이 된다.

당신의 생각을 모자이크처럼 다룰 수 있다는 것은 관계로 보고 있다는 증거다. 단편을 모아 전체상을 보기에 당신은 매사를 O, X로 단정하지 않고, 또한 사건의 단면만을 보고 섣부른 판단을 하지 않게 될 것이다.

당신의 눈에 관계망에서 나오는 에너지의 흐름이 보인다면 당신의

눈은 구조를 보고 있는 것이다. 이제 당신 앞에 놓인 세상은 거대한
에너지 덩어리이고, 당신의 능수능란한 손길은 적재적소로 에너지를
끌어와 새로운 가치를 창출할 것이다.

당신은 에너지를 다루는 창조적 예술가이다.

관계로 보는 것은 남의 얘기를 귀담아 듣는 것에서 시작한다. 남의 의견을 존중한다는 것 자체가 관계를 통해 그림으로 보는 것을 의미한다.

그래서 요즘엔 CLO(Chief Listening Officer)가 주목받기 시작했다. CLO란 사원들의 목소리를 경청하는 책임자를 말한다. 회사에 CLO를 뒀다는 것 자체가 사원들과의 관계를 중시한다는 반증일 것이다.

주변의 관계를 살펴 그림으로 보게 되면 청사진에 가치를 넣는 것이 어렵지만은 않게 될 것이다. 이렇게 해서 제대로 된 청사진이 세워지게 되면, 회사는 CEO의 수중에서 벗어나 구조적으로 흘러가게 될 것이다. 당신은 게으른 CEO가 되어 한가롭게 여가를 즐길 때도 회사는 제 궤도를 어김없이 굴러갈 것이다.

가끔씩 닥쳐오는 위기에도 회사는 무슨 일이 있었냐는 듯 아무렇지도 않게 버텨낼 것이고, 당신의 회사는 순풍에 돛 달은 배처럼 세상의 중심을 향해 면면히 흘러갈 것이다.

관계를 고려하여 그림으로 보는 당신은 진정한 CEO다.

5
∘ ∘ ∘

관계망에 의한
구조를 짜라

1. 가치에 의한 사내 문화를 세워라

회사란 공동의 에너지 장이다. 따라서 CEO 한 명만 관계로 보고 에너지를 다룰 줄 알아서는 안 된다.

사원 모두가 회사의 흐름을 읽고 그 길에 동참해야지만 남다른 경쟁력을 갖추게 될 것이다.

하지만 한두 명도 아니고 사원 전체를 교육시켜 에너지를 끌어 오는 것은 결코 쉬운 일이 아니다.

기업체마다 연수원을 짓고 사원 교육에 투자를 하지만 기대 이상의 성과를 얻는 곳은 그리 많지 않다. 그래도 교육을 안 한 것보다는 낫기에 열심히 프로그램을 돌리는 것이다.

　하지만 이런 식의 교육보다 우선해야 할 것이 있다. 그것은 사원들의 에너지를 자연스럽게 이끌어 낼 수 있도록 회사의 구조를 짜는 것이다.

　그러려면 첫째도, 둘째도 회사의 청사진이 반듯하게 세워져야 한다. 영리와 가치가 이상적으로 조화된 청사진의 깃발을 내걸고, 이것을 통해 흐트러진 에너지들을 모아야 한다.

　청사진 외에 애매모호한 슬로건들은 내리는 것이 좋다. 에너지는 집중할 때 더욱 활기차게 솟아나는 까닭이다.

'올해 대비 몇 프로 성장', '땀은 거짓이 없다', '100% 고객 만족을 위해 발로 뛰어라', '위기는 기회다', '실행이 전략이다', '함께 하는 혁신', '하면 된다, 하자 하자 하자!', '부정을 긍정으로, 꿈을 현실로'… 등 수없이 많은 사내 구호가 있다.

하지만 다양한 구호는 회사의 에너지를 곁가지로 새게만 한다.
가능하면 한두 가지로 집중하는 것이 좋고, 그것은 항상 회사의 청사진과 일치돼야 한다.

에너지는 청사진을 향해 일관되게 흘러가야 한다.

청사진이 잘 세워진 회사는 나름의 문화가 형성되어 있다. 회사 고유의 문화가 없는 곳은 청사진이 불명확한 곳이다.

영리와 가치를 동시에 추구하는 회사는 자연히 문화가 생겨나게 된다. 가치란 것 자체가 에너지를 활성화하고, 여기서 문화가 자연스레 자리잡게 되는 까닭이다.

그래서 문화가 없는 회사는 영리만으로 청사진을 삼은 경우가 대부분이다. 이런 회사는 마치 돈 찍어내는 공장처럼 삭막할 것이다. 사원 한 명, 한 명은 돈 버는 기계이고, 실적이라는 수치에 의해 평가 받는 상품이 된다.

역사를 보면 문화 민족은 아무리 국력이 약해도 쉽게 무너지지 않는다. 오히려 정복한 민족이 문화적 식민지가 되고 마는 경우가 많았다.

중국의 원나라가 그랬고 청나라가 그랬다. 또한 유럽의 게르만족이 서로마를 무너뜨렸지만 오히려 종교적 지배를 받게 된 것도 한 예라 하겠다.

문화는 그 자체로 에너지이며 힘이다.

요컨대 회사의 에너지는 문화로 표현된다. 따라서 에너지를 다루기 위해서는 필히 사내 문화를 잘 세워야 한다.

문화를 보면 에너지가 보인다.

2. 청사진에 의한 평가와 학습

회사 운영이란 업무, 평가, 조정, 학습이라는 네 기둥으로 구성된다.

회사의 특성에 따라 이 네 가지 운영의 기법은 다를 수 있다. 하지만 변하지 않는 공통된 것이 있으니, 그것은 바로 청사진를 잣대로 삼는다는 점이다.

마치 법률을 집행함에 헌법을 그 방향으로 삼듯이, 회사의 운영 또한 청사진을 헌법으로 삼아 모든 선택과 집행을 해나가야 한다.

청사진이 아닌 다른 잣대를 가지고 회사를 운영을 해서는 안 된다. 그렇게 되면 개인의 주관적 의견에 비중이 실리면서 성과 없는 논쟁만 길어질 것이다.

그만큼 회사의 전체 에너지는 중구난방이 되어 손실이 불가피하게 된다.

자, 그러면 업무, 평가, 조정, 학습을 하나하나 알아 보자.

첫째, 업무란 청사진을 향해 나아가는 일을 총칭하여 말한다. 따라서 청사진과 관련 없는 것은 일이라 할 수 없다. 회사의 모든 일은 청사진을 향해 일관되게 흘러야 한다. 그래야지만 쓸데 없는 에너지를 줄여 업무 효율을 높일 수 있다. 업무와 청사진을 일치시키는 것, 이것 외의 일을 두어서는 안 된다.

둘째, 평가란 청사진에 의한 평가여야 한다. 청사진에 어느 정도 기여했는지에 따라 평가 점수가 달라질 것이다. 이때 청사진이 아닌 개인의 주관에 치우치면 제대로 된 평가가 나올 수 없다. 평가는 언제나 공정해야 하고, 그렇지 않으면 경영상에 누수가 생길 수밖에 없다.

셋째, 조정이란 현위치를 청사진에 맞게끔 방향을 맞추는 작업을 말한다. 다시 말해, 청사진을 향해 원활하게 흘러가도록 에너지의 흐름을 조정하는 것이다. 이때 청사진 외에 CEO의 입장이나 다른 잣대를 들이대서는 안 된다. 청사진을 바꾸지 않는 한 청사진에 부합하지 않는 조정은 금물이다. 청사진에 대한 원칙이 깨지면 회사의 기강도 더불어 무너진다.

넷째, 학습이란 청사진에 어긋난 경우 그 원인을 정확히 이해하는

것을 말한다. 그래야만 학습에 대한 동기가 생겨나고 진정한 배움이 일어나게 된다. 학습이 되지 않는 회사는 발전을 기대할 수 없다. 또한 학습이 되더라도 그 속도가 느리면 경쟁에서 앞설 수 없다.

요컨대 업무, 평가, 조정, 학습! 이것이 원만히 이루어지기 위해서는 반드시 올곧은 청사진이 구비돼야 한다.

청사진은 깜깜한 바다를 밝히는 등대와 같다. 청사진이 있기에 배는 무사히 항구에 돌아올 수 있다. 마찬가지로 회사는 청사진에 의한 업무, 평가, 조정, 학습을 통하여 한 방향으로 일관되게 흐를 수 있다. 이렇게 될 때 회사라는 조직체는 한 생명체가 되어 거센 물길을 헤치며 무사히 목표한 곳에 도달할 수 있게 된다.

3. 사내 언어를 다듬어라

시냇가에 흩어져 있는 작은 돌들도 계속해서 쌓이다 보면 물의 흐름에 지장을 주게 된다. 마찬가지로 회사에도 눈에는 잘 띄지 않지만 소소한 걸림이 있다. 그것은 사원들이 즐겨 쓰는 언어이다.

회사 업무와 사내 언어가 별로 연관되지 않는다고 생각할 수 있다. 하지만 언어가 에너지를 깎아먹는 경우가 의외로 많다. 업무로 향해야 할 에너지가 말투 하나 때문에 쓸데없는 곳으로 새버려서 낭패를 보는 경우가 허다하다.

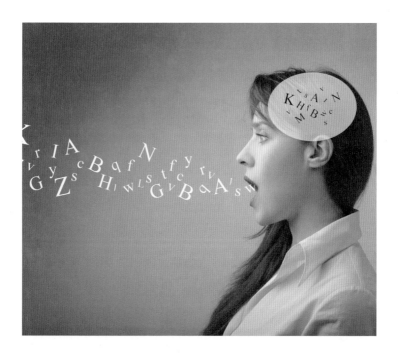

가령, 회의할 때 두 직원이 O, X식의 극단적 표현을 쓴다고 가정하자.

"김대리, 서류가 이게 뭐야. 완전 엉망이잖아. 이런 식으로 해서 되겠어!"

"이게 뭐가 어때서. 그러면 박대리는 이것보다 잘할 수 있어? 괜한 생트집이야."

"생트집? 이 서류를 똑바로 보고 말해. 기승전결두 정확하지 않고, 그렇다고 사례가 현실적이지도 않잖아. 이런 걸 과장님께 올렸다가는 아마 김대리나 나나 시말서를 써야 할 걸. 제발 정신 차리고 똑바로 일하라고."

"이것 봐 박대리. 당신은 그 입만 그렇게 부지런 떨지 말고 행동으로 보여봐. 이 보고서 만드는 데 뭘 얼마나 도왔다고 이제와서 뒷북을 쳐?"

"김대리, 그럼 지금 당신이 잘했다는 거야?"

"이 사람 이거 완전 불통이구만. 혼자 무인도에 가서 살아야 할 사람이야!"

두 대리가 기획안에 대해 의견을 나누는 상황이다. 그런데 이렇게 서로의 감정을 자극하는 대화는 업무의 효율 면에서 전혀 도움이 되지 않는다. 자칫 사소한 시비 끝에 업무에 큰 지장을 초래할 수도 있다.

회사는 사원들 간에 크고 작은 충돌이 끊이지 않고 발생한다. 이때 충돌의 매개는 단연코 언어이다. 그렇다고 언어를 쓰지 않고는 어떤 업무도 진행할 수 없다.

'가는 말이 고와야 오는 말이 곱다'고 하지 않던가.
여기서 고운말이란 관계를 고려한 표현이다. 미사여구를 잔뜩 붙인 말이라고 해서 고운말이 되는 건 아니다. A(나)와 B(남)를 동시에 보면서 내뱉는 말이라야 모가 나지 않아 곱게 되는 것이다.

같은 말이라도 '아' 다르고 '어' 다르다는 사실에 주목하자.

관계를 고려한 말투엔 대개 아래와 같은 단어들이 자주 쓰인다.
사내의 게시판에 걸어 놓아도 좋을 것이다.

"그림이 보기 좋다."

"상황이 보기가 안 좋다."

"영화가 좀 지저분하지 않아?"

"네가 하는 일이 청사진에 맞느냐?"

"우리가 하고 싶은 것과 방향이 같아?"

"재밌는 스토리가 만들어지냐?"

"사실을 바로 본 거야?"

"흐름이 좋지 않은 것 같아."

"글쎄, 내 생각엔 가능성이 많은 것 같은데."

"여백이 없으니까 그림이 좀 답답한 것 같아."

"그런 방향으로 나가면 가치가 풍부할 것 같아."

"어쩜 이렇게 멋질 수가 있지! 감동이 절로 나오네."

"이것들은 너무나도 조화가 잘 되는 것 같아."

"그럴 수도 있지. 아쉽지만 그대로 두지."

앞서 나온 김대리와 박대리가 이상의 화법을 구사했다면 회의가 어떻게 바뀌었을까? 아마 다음과 같이 진행됐을 것이다.

"김대리, 서류의 그림이 보기에 훌륭해 보이지는 않네. 내 생각엔 방향이 다소 맞지 않은 듯 하네. 김대리 생각엔 어떤가?"

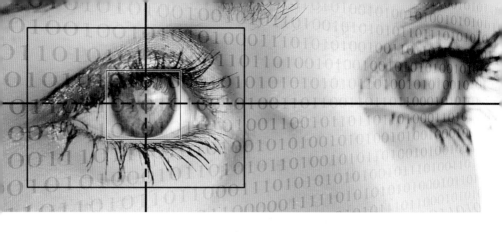

"음, 그렇게 그려지는가? 청사진에 맞게끔 방향을 잡는다고 했는데, 혹시 간과한 점이 있었는가 싶네. 박대리, 수고스럽겠지만 구체적으로 짚어 줄 수 있겠는가?"

"서류의 구도가 명확하지가 않은 것 같네. 청사진을 향해 일관되게 정리되어 있지 않은 듯해서 말일세. 현실적 사례를 좀 더 보강하면 방향성도 잡히고 구도도 훌륭하게 잡힐 것 같긴 하네."

"아 그런가? 하긴 내가 보기에도 지금 상태로는 에너지가 그렇게 잘 흐르는 것 같진 않았네. 일단 재미도 없고 감동도 잘 우러나올 것 같지가 않고 말일세. 김대리 말을 들어보니 일단 그림의 구조부터 다시 살펴야 될 듯 싶네."

"도움이 되었다니 정말 기쁘네. 조금만 다듬으면 아마 훌륭한 작품이 되지 않을까 싶네. 설마 과장님은 다른 각도의 그림을 바라는 건 아니겠지!"

"청사진에 맞게끔 에너지 흐름만 잘 잡으면 과장님의 날카로운 안목도 어쩔 수 없을 것이네. 허허."

이렇게 에너지 흐름을 염두에 둔 창조적 말들을 권장하라.

그러면 사원 간의 소통이 원활해지고 의사 전달과 결정이 빨라진다. 쓸데없는 말다툼이나 스트레스가 대폭 줄어들고 업무 효율이 좋아질 것이다.

언어는 사원들의 에너지가 시작되는 첫 창구이다. 따라서 어떤 언어를 쓰느냐에 따라 회사 분위기는 확연히 달라진다.

만일 회사를 군대식으로 짜려 한다면 당연히 군대 용어를 쓸 것이다. 그래야만 위계질서가 확립되고 정신이 굳건하게 무장되니 말이다.

하지만 영업 조직과 같은 특수한 경우가 아니라면 가급적 거칠고 직선적인 언어는 삼가는 것이 좋다.

어떤 경영자는 O, X식의 언어를 쓰지 않는 직원을 훈계하기도 한

다. 딱 떨어지는 언어를 쓰지 않으면 업무가 자칫 모호하게 흘러갈 수 있기 때문이다.

하지만 그런 식의 흑백이 분명하고 수치에 민감한 언어는, 회계장부에 나오는 영리만을 청사진으로 세운 회사에나 적합하다. 영리와 가치를 동시에 추구하는 회사라면 언어도 그에 맞게 유연해야 한다.

관계를 고려한 창조적 말들은 언뜻 보면 불명확해 보이지만, 청사진을 등대로 삼아 이루어지는 대화이기에 엉뚱한 방향으로 샐 가능성이 적다. 오히려 심리적 불편에서 오는 에너지 낭비를 줄임으로써 빠른 시간 내에 의사를 결정할 수 있다.

회사에서 의사 결정 시간을 줄인다는 것은 대단한 장점이다. 현대 사회는 속도전이라 하여, 변화에 대한 대처 능력을 크게 고려하고 있지 않은가.

스페인의 인디텍스라는 의류 회사의 경우 이런 예를 잘 보여 준다. 2012년 GAP을 제치고 대중 의류 브랜드 가치 1위를 차지하였고, 그 해에만 3조 3,000억 원의 수익을 내서 전세계를 놀라게 한 바 있다.

대개 의류 회사는 한 해의 유행을 미리 예측하여 상품 계획을 세운다.

하지만 그 회사는 전혀 그런 것이 없이 오직 현장의 수요만을 파악해서 그대로 옷을 제조한다. 유행을 예측하는 것이 아니라 현장에서 유행을 파악하는 것이다.

이것이 가능한 이유는 신속한 업무 처리 속도에 있다. 현장 조사에서 상품 제조까지 걸리는 시간이 채 2주가 안 된다고 하니, 그 회사의 업무 처리 속도가 얼마나 빠른지 알 수 있다.

이렇게 속도전에서 우위를 점할 수 있었던 이유 중의 하나가 사원들 간의 창조적 언어에 의한 신속한 의사결정에 있고, 그 배경에는 뚜렷한 회사의 청사진이 자리하고 있다.

이렇듯 사내 언어 풍토만 바뀌어도 얼마든지 에너지 효율을 좋게 만들 수 있다.

잊지 말자. 회사의 에너지가 흘러나오는 첫 창구는 사원들의 입이라는 사실을.

4. 업무 환경을 탄력적으로 조정하라

에너지란 파동이다. 파동이란 변화의 굴곡이다. 따라서 사내 문화
가 너무 단조로우면 에너지가 그만큼 반감된다.

흔히 심기일전이란 말을 쓴다. 가끔씩 에너지가 평탄하거나 침체될
때 분위기를 바꿔줌으로써 새로운 기운을 뽑아내는 것을 말한다. 즉
구조적인 긴장을 부여해 주는 것이다.

이렇듯 사내 문화나 업무 환경에 가끔씩 변화를 줌으로써 에너지
효율을 좋게 할 수 있다. 물론 구조적으로 이런 제도가 잘 뿌리 내린
다면 더욱 좋을 것이다.

가령 근무 시간을 탄력적으로 조정한다든지, 아니면 복장에 변화를 주는 것도 일책이 될 것이다. 한 달에 한 번씩 사내 운동회를 열어 상품을 푸짐하게 안겨주는 방법도 있을 것이다.

회사의 청사진과 문화에 맞게 다양한 이벤트를 두는 것이 좋다. 직원들이 회사를 스트레스를 받는 장소로 여기지 않고, 문화를 공유하는 곳이라는 생각을 갖게 한다면 그 회사의 에너지는 충만하게 될 것이다.

세계적 기업인 구글의 예를 보면 가히 혁신적이다. 1998년에 창업하여 16년 정도 된 신생 기업이지만 사내 문화와 업무 환경은 기발한 아이디어로 가득 차 있다.

그중 가장 눈여겨 볼 만한 것은 업무 시간의 20%를 직원들에게 돌려줬다는 것이다. 가령 하루 10시간을 근무한다면 그중 두 시간을 자유롭게 쓸 수 있는 제도이다.

직원들은 점심 시간 외에도 평균 1시간 30분을 개인적으로 쓸 수 있게 됐다. 헬스나 수영, 요가를 하는 직원에서부터 명상을 하거나 아예 낮잠을 자는 직원, 심지어 집에 들러 가정사를 보고 오는 직원까지 다양하다. 어떤 직원은 개인 시간을 모아서 하루를 휴일로 빼기까지 한다.

이렇게 되면 회사 입장에서는 업무적으로 꽤나 많은 손실을 입게 될 것이다. 업무에 대한 시간 손실 뿐만 아니라 흐트러진 분위기로 인한 추가 손실도 있을 것이다.

그런데 놀랍게도 구글은 시가총액뿐만 아니라 업무 효율도 상당히 높은 편이다. 어떻게 이런 일이 가능한지 의아한 눈길로 보지만 에너지의 흐름 면에서 보면 이상할 것도 없다.

회사에 대한 높은 자긍심보다 더 큰 에너지원은 없다. 구글 직원들이 애사심에서 집중적으로 뽑아내는 에너지는 그들이 개인적으로 쓴 20% 시간의 몇 곱절이 될 것이다.

구글은 에너지를 다룰 줄 아는 회사다. 이것은 바꿔 말하면 회사에 뚜렷한 청사진이 있다는 것을 의미한다.

회사마다 처해진 환경과 고유의 문화가 제각기 다르기에 모두 구글처럼 할 수는 없다. 다만 구글이 에너지를 다루는 것처럼 다른 회사들 역시 실정에 맞게 얼마든지 할 수 있다. 사원들의 활력이 샘솟게 할 여러 가지 구조적 장치를 마련한다면 그만큼 회사의 경쟁력은 높아질 것이다.

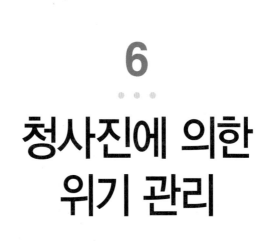

6

. . .

청사진에 의한
위기 관리

1. 위기 관리에 회사의 사활이 걸려 있다

요즘은 어느 곳, 어느 모임이든 화제의 초점은 단연코 위기관리다. 그만큼 위기관리는 회사의 종류에 상관없이 가장 우선시 해야 할 경영 전략이 되었다.

위기 관리를 할 줄 모르는 CEO는 하루 빨리 자리에서 내려오는 것이 좋다. 위기 관리는 리더가 갖춰야 할 필수 덕목인 까닭이다.

왜 위기 관리가 중요한가?

20~30년 전만 해도 세상의 흐름이 그렇게 빠르지 않았다. 그래서 어느 정도 앞날을 예측할 수 있었다. 가령 항해를 할 때 시야가 탁 트인 바다를 지났다고 보면 된다.

하지만 최근 들어서는 짙은 해무(海霧)가 끼기 시작했다. 이제는 몇 달 앞을 내다보는 것도 힘들어진 것이다. 더군다나 가끔씩 불어오는 잦은 돌풍에 의해 언제 배가 전복될지도 모르는 상황이 돼버렸다.

이런 시류의 변화는 정보 사회로 급변하면서 발생했다. 가라앉아 있던 정보들이 수면 위로 대거 올라오면서 서센 파노를 일으키고 있다. 또한 이때 잘게 부서지며 생겨나는 뿌연 안개로 인해 항로를 잡기 어려워졌다.

엎친 데 덮친 격으로 세계가 하나의 경제 블록으로 묶이다 보니 지구 반대편에서 발생한 경제적 태풍도 커다란 위험 요소로 다가온다.

이런 상황이다 보니 회사의 불안감은 커질 수밖에 없고, CEO에겐 위기를 관리해야 한다는 의무감이 마치 천명처럼 주어지게 됐다.

이젠 위기를 관리할 줄 모르면 그 회사의 장래는 불투명하다. 배를 저어 앞으로 나가기 위해서는 안개와 해류, 암초와 돌풍 등의 변수를 모두 고려해야 한다. 즉, 위기를 다룰 줄 알아야만 자신 있게 앞으로 노를 저어 나아갈 수 있는 것이다.

위기를 다룰 줄 모르면 방어하기에만 급급하게 된다. 앞으로 나아가지 못하고 한 곳에 닻을 내리고 버티기 게임에 들어갈 수밖에 없는데, 이렇게 되면 경쟁에서 밀려 도태될 수밖에 없다. 설사 배를 보존한다 해도 결국 유령선이 되고 말 것이다.

회사는 쭉쭉 달려야 한다. 노를 저어 힘차게 전진하지 않으면 경쟁에서 밀려 도태될 것이다. 문제가 생기면 마치 소방수처럼 그때 그때 진화하는 방식으로는 회사의 미래가 없다.

따라서 앞으로 나아가기 위해서는 수시로 닥쳐오는 위기를 다룰 줄 알아야 한다. 그래서 위기관리는 회사의 성패를 좌우하는 매우 중차대한 요소이다.

그렇다면 어떻게 해야 위기를 관리 할 수 있는가?

　회사마다 위기 관리에 대한 시스템을 구비하고 있다. 어느 회사가 위기를 나몰라라 하겠는가.

　하지만 그 속을 잘 들여다 보면 위기 관리에 적절치 못한 경우가 많다. 누차 말하지만 회계장부에 나오는 손익의 수치를 놓고 저울질하는 위기 관리는 어느 회사니 다 하는 땜질식 임기응변에 지나지 않는다.

　보다 근본적이고 구조적인 위기관리가 돼야 하고, 이것은 올바른 청사진과 관계적 사고, 그리고 적절한 에너지의 활용을 통해서 실현될 수 있다. 한마디로 지속적인 영리 창출의 핵심 요소인 가치를 기준으로 한 위기관리가 전적으로 고려돼야 하는 것이다.

실험에 의하면 후라이팬에 개구리를 놓고 온도를 조금씩 올리면 개구리는 도망가지 않고 그대로 구워진다고 한다. 이처럼 가랑비에 옷 젖듯 조금씩 다가오는 위기가 더욱 무섭다.

사실 필자는 CEO들이 "나는 정말로 열심히 일했는데 왜 회사가 이 꼴이 됐는지 모르겠다"고 말하는 것을 종종 듣는다.

사실 최근에 닥쳐온 미국의 양적완화에 대한 감축 조치는 조금만 신경쓰면 충분히 예상할 수 있는 일임에도 그것에 대한 대비 없이 우왕좌왕하는 회사들도 적잖게 봤다.

이렇게 '소 잃고 외양간 고치려는 식'의 위기관리는 '크라이시스 매니지먼트(Crisis Management)'라 하여 '리스크 매니지먼트(Risk Management)'와는 구분된다. 리스크 매니지먼트는 소를 잃기 전에 외양간을 수리하는 유비무환의 자세를 말한다.

위기관리는 미래의 불확실성을 관리하는 것이다.

그런데 위기를 근복적으로 없앨 수 있는 방법은 어디에도 없다. 그저 위기의 발생 확률을 줄임으로써 회사의 안정을 도모하는 것이다.

이렇게 위기관리란 것이 뜨뜻미지근하다 보니 여기에 대한 중요성을 간과하는 경우가 의외로 많다. 하지만 개미구멍에 둑 터진다고, 위기에 대한 작은 확률의 차이가 회사의 존폐로 이어진다는 사실을 바로 알아야 한다.

하인리히 법칙(Heinrich's Law)에 따르면, 대형사고가 발생하기 전에는 그와 관련된 수많은 경미한 사고와 징후들이 반드시 존재한다고 한다. 쉽게 말해 사고란 독립적으로 존재하는 것이 아니라 연속선상에서 진화하는 관계론적 결과라는 얘기이다.

그의 통계에 따르면 하나의 사고가 터지기 위해서는 300개의 미세한 징후와 29개의 경미한 사고가 발생한다. 우리는 세월호 사고에서 안타깝게도 하인리히 법칙이 잘 맞아떨어지고 있음을 확인한 바 있다.

최근들어 CRO(Chief Risk Officer)의 위치가 급부상하고 있다. CRO란 위기관리 책임자로서, 과거에는 금융권 정도에만 있는 직책이었다. 하지만 요즘은 제조회사에서도 그 위상이 높아지고 있고, 심지어 CRO에서 CEO로 승진하는 경우도 많다.

이것이 무엇을 의미하는 것일까?

그만큼 회사에서 차지하는 위기관리의 위상이 높아졌다는 것이며, 이것은 달리 말해 위기관리를 할 줄 모르는 CEO는 자격미달이란 뜻이 된다.

　　위기관리를 하려면 먼저 청사진이 반듯하게 세워져야 한다. 청사진을 염두에 둔 관계의 눈으로 봐야지만 사실(fact)을 사실(fact)로 볼 수 있다. 이런 CEO는 시장과 사회, 세계의 흐름이 아무리 복잡하게 얽혀있어도 그 속에 형성되는 자본의 흐름과 추세를 읽어낼 수 있다.

　　정보 사회는 평면적이지 않다. 그것은 온갖 요소들이 복합적으로 얽혀 돌아가는 시장판이다.

　　그것들이 아무리 복잡해도 관계로 연결되어 있다는 사실엔 변함이 없다. 따라서 이런 변화무쌍한 시장판을 읽어내기 위해서는 관계로 봐야 한다. 회사의 이익에 가치를 더해 만든 청사진, 그것으로 봐야지만 시장의 동향을 보다 정확하게 읽어낼 수 있다. 왜냐하면 청사진에 관계된 정보만이 의미가 있기에, 정보의 취사정리를 빠르게 할 수 있기 때문이다.

2. 위기를 위기로 보지 말라

자, 그렇다면 뜨거운 감자로 부각된 '위기', 즉 리스크(RISK)에 대해 알아 보자.

사회가 복잡해지면서 리스크에 대한 접근 방법도 바뀌고 있다. 과거 우리는 리스크 하면 무조건 피해야민 하는 경계의 내상으로 여겨왔다. 하지만 오늘날 리스크에 대한 연구가 활발해지면서 그 위상이 사뭇 달라지게 됐다.

과거의 주식 투자 방식은 전적으로 주가의 흐름에 좌우됐다. 가령 주식 시장을 보면, 대개 주식 차트에 나오는 주가의 흐름을 분석하여 투자를 결정하는 식이었다.

하지만 결과적으로 그것이 꼭 성공적인 것만은 아니었다. 돈을 잃을 확률도 생각보다 높다. 리스크를 고려하지 않은 투자는 도박성이 높아져서 그만큼 위험부담이 증가되는 까닭이다.

그래서 등장한 것이 리스크 수치이다. 회사의 리스크가 얼마나 되는지를 분석하고, 이것을 투자의 잣대로 삼게 된 것이다.

리스크 수치는 비단 회사에만 국한된 것이 아니다. 나라마다 신용등급과 스와프 레이트(swap rate)가 설정되어 재정 리스크를 정하게 된다. 환율이나 이자율을 정하는 지표가 되기 때문에 국가 경제에 지

대한 영향을 준다.

그런데 최근에는 재정 리스크 수치를 가격으로 삼아 리스크를 거래하는 금융상품이 등장했다. 리스크에 대한 방어에만 급급하던 종래의 수동적 자세에서 탈피하여 적극적으로 리스크를 활용하기 시작한 것이다.

이것은 무엇을 말하는 것일까?

리스크를 피할 수 없는 대상이라면 적극적으로 안고 가는 것이 현명하다는 점을 시사하는 것이다. 이것이 오늘날처럼 급변하는 사회에 적합한 위기 관리법이다.

리스크와 친해져라.

그러려면 위기를 위기로 보면 안 된다. 위기를 위기로만 보는 것은 회사의 청사진을 영리 위주로 세웠기 때문이다. 이렇게 되면 위기를 기회로 보려고 해도 그것이 쉽지 않다. 왜냐, 당장 눈에 들어오는 손익 계산에 모든 신경이 곤두서기 때문이다.

반면에 가치를 적절히 섞어 회사의 청사진을 세웠다면 위기를 맞았을 때, 위기는 새로운 창조를 위한 변화로서 받아들여지게 된다. 즉, 리스크를 관계선상에서 보게 되고, 그럼으로써 거부감이 한결 줄어들게 되는 것이다.

가치는 미래에 위기를 맞을 때 그 충격을 완화시켜주는 완충 역할을 한다.

항해를 하기 위해서는 거친 파도와 싸워야 한다. 그렇듯 회사를 운영하기 위해서는 리스크를 외면해서는 안 된다.

어차피 피할 수 없는 것이 리스크라면 그것과 친해지는 것이 어떨

까. 아니 더 나아가 리스크를 즐기게 된다면 당신은 일등항해사, 즉 훌륭한 CEO가 될 것이다.

통계에 따르면 최근 미국의 노벨상 수상자 가운데 3분의 1이 이민자라고 한다. 뿐만 아니라 25대 IT기업의 60%가 이민자 1~2세대에 의해 창업되었다고 한다. 이런 사실은 무엇을 말해주는

것일까?

그들 이민자들의 공통점은 위기와 친숙했고, 위기를 디딤돌로 삼아 변화에 능동적으로 대처했다는 사실이다. 그 결과 그들의 삶은 다양한 가치로 장식되게 되었다.

항해를 하기 위해서는 나침반이 있어야 한다. 바로 회사의 청사진이다. 청사진을 중심에 두고 매사를 관계로 살핀다면 제아무리 거센 파도가 밀려와도 당신은 그것을 헤치고 앞으로 나아가게 될 것이다.

가치를 창조하는 한 당신의 앞길을 막을 리스크는 없다.

파도 위에서 보드를 타며 즐기는 서핑(surfing)을 떠올려 보자. 일반 해수욕을 하는 사람들은 위험한 파도를 피해 잔잔한 바다를 선호한다.

하지만 서퍼(surfer)들은 오히려 높은 파도와 거센 물결을 찾아 이동한다. 그들은 위험한 파도에서 그들이 추구하는 서핑의 가치를 창조한다.

현대 사회도 리스크에 대한 생각이 이들 서퍼처럼 바뀌고 있다. 리스크가 다양하게 늘어나면서 경영자의 생각도 바뀌게 된 것이다.

시대의 추세가 이렇다 보니 이젠 주식시장의 리스크를 가격으로 환산하여 투자를 결정하는 일까지 생겨났다. 반드시 피하거나 극복해야만 했던 리스크가 시장에 매물로 등장하게 된 것이다.

익히 알듯이, 벌라틸리티 인덱스 펀드(Volatility Index Fund)는 시카고 거래소(Chicago Board of Exchange)에서 거래되고 있다. 여기선 주식을 거래하는 것처럼 리스크 수치를 가격으로 다룬다. 즉, 리스크 수치를 가격으로 환산하여 리스크를 투자의 수단으로 삼는다. 이러한 주식 시장의 동향이 경영에 적용되어, 마치 위험한 파도를 즐기는 서퍼들처럼 리스크를 회피하는 대신 투자의 지표로 삼아 공격 경영에 나서기도 한다.

리스크!
이것을 문제로 인식한다면 당신은 과거의 CEO이다. 훌륭한 항해사라면 파도를 과정의 일부로 보고 즐길 것이다.

마찬가지로 회사에 적합한 CEO라면 위기를 기회로 보고 즐거워야 한다. 리스크를, 시골길을 걸으면 흔히 발길에 걸리는 돌부리 정도로 생각하고 의연하고 원만하게 대처해야 한다.

　하지만 이익만을 청사진으로 삼은 CEO는 결코 리스크를 즐길 수 없다. 당신이 리스크에 민감하고 적잖은 스트레스를 받는다면 잠시 휴식을 취하며 회사의 청사진을 점검해 보는 것이 좋을 것이다.

　리스크 관리란 불확실한 미래를 수치로 계산해서 관리하는 것이다. 그래서 이것 역시 적잖은 비용이 들어가게 되고, 결과적으로 투자가 된다. 우리는 자동차를 운전할 때 반드시 보험을 든다. 비용 대비 효용이 높기에 여기에 큰 불만을 갖는 사람은 드물다. 회사 역시 리스크에 대한 보험이 필요하며, 그것은 위기관리에 대한 투자여야 한다. 리스크를 관리할 줄 모르는 CEO는 그 자체로 투기적 성향이 강하여 외줄을 타는 경영을 하기 쉽다.

리스크관리는 청사진에 의해 좌우된다고 해도 과언이 아니다. 잘 만들어진 청사진 하나가 리스크를 관리함은 물론이고 회사의 경쟁력을 높여 이윤과 가치를 증가시켜 줄 것이다.

당신이 세운 청사진에 이익과 가치가 공존한다면 당신은 결코 리스크에 흔들리지 않을 것이다. 위험한 파도를 즐기는 서퍼들처럼 당신은 리스크를 있는 그대로 받아들이고 의연하게 내처할 섯이다.

당신의 여유로운 마음과 현실을 직시하는 날카로운 눈길은 리스크를 기회로 바꿀 것이다.

당신은 돈이 파도를 치는 자본주의 사회에서 훌륭한 서퍼가 되어 가치를 창조하는 리더로 우뚝 서게 될 것이다.

회사의 앞길엔 리스크가 수도 없이 많다. 이것들을 일일이 제거하면서는 앞으로 나아갈 수 없다. 결국 방어에만 급급하다가 경쟁에서 도태되고 말 것이다.

따라서 리스크를 리스크로 보지 말고 관계의 일부로 보라. 리스크를 즐기는 서퍼가 되어 과감하게 청사진을 향해 나아가라.

요리사에게는 나름대로의 필수 재료란 것이 있다. 그런데 최근에 기이하게도 만질 수 없는 것이 생겨났다. 그것의 이름은 리스크다. 이제 리스크를 무시해서는 훌륭한 요리사가 될 수 없게 됐다. 리스크를 재료로 볼 줄 아는 사고의 전환이 필요해진 것이다.

당신은 리스크를 재료로 써서 훌륭한 요리를 만들어 낼 수 있겠는가?

만일 그렇다면 당신이야 말로 진정한 CEO이다.

3. 리스크 관리는 현실이다

모든 산업은 저마다의 리스크를 안고 있지만, 특히 리스크에 민감한 분야가 금융업이다. 금융업에는 대표적으로 은행과 투자은행, 그리고 보험회사가 있다.

리스크란 미래에 대한 불확실한 변수를 말하는데, 보험이란 것이 미래의 가치를 수치화해서 상품으로 내놓은 것이기에 당연히 리스크가 클 수밖에 없다. 그래서 리스크 관리는 보험업계라면 필수적이다.

보험회사에 쌓인 천문학적인 자산은 한마디로 부채다. 미래에 값아야 할 빚더미이며, 따라서 부채의 리스크를 최대한 고려하면서 최적의 투자처를 찾아야 하는데, 이것이 그렇게 만만치가 않다.

2008년 미국에 불어닥친 금융위기 때 수많은 은행과 보험회사들이 도산을 하거나 합병을 당하지 않았던가.

당시 금융회사들을 줄줄이 무너뜨린 주요 원인은 리스크 관리에 대한 안일한 생각이었다.

당시 주된 거래 대상이었던 부동산담보증권(Mortagage Backed Security. MBS)에 대한 리스크 관리 방법으로 신용부도스와프(Credit Default Swap. CDS)[2]라는 파생상품을 썼다. 그런데 파생상품에 대한 규제가 거의 없는 상태에서 CDS가 제기능을 발휘하지 못해서 금융회사들이 줄도산 돼 버렸다. MBS에 대한 리스크만 제대로 관리했더라

---

2. 신용부도스와프(CDS)란, 금융기관이 채권이나 대출을 해준 기업에 채무불이행 등의 신용 위험이 발생할 것에 대비하여, 일정한 수수료를 지급하는 대가로 손실을 보장받는 일종의 파생보험 상품을 말한다.

도 그와 같은 줄도산은 막을 수 있었을 것이다.

그런데 미국의 보험업계보다 리스크 관리에 있어서 더욱 취약한 구조를 지니고 있는 것이 국내 보험업계이다.

사실 1997년 IMF 이전까지는 리스크 관리에 대한 인식이 많이 부족했다. 다행히 IMF 이후 리스크 관리에 대한 인식이 향상됐지만, 아직도 기준에는 크게 못 미치는 실정이다.

필자가 강연회에서, 리스크가 주식처럼 판매되고 있는 오늘날의 경제 추세를 얘기하면 마치 먼나라 얘기처럼 알아듣는 분들이 적지 않다. 리스크를 항시 접하고 있는 금융업계에서조차 이런 점에서 자유로울 수 없다는 사실은 심히 우려스런 일이라 하겠다.

그런데 더 큰 문제는, 이제는 리스크 관리가 금융권만의 문제가 아니라는 사실이다.

자유무역 협정에 의해 세계경제기 블록화되고, 이런 추세에 맞춰서 정보사회로 급전환되면서 리스크는 빠르게 성장하게 됐다. 한마디로 리스크 전성시대라고나 할까.

따라서 종래와 같은 평면적 리스크 관리로는 리스크를 이해할 수도, 다룰 수도 없게 됐다. 리스크를 구조적이고 입체적으로 봐야지만 겨우 관리할 수 있는 세상이 된 것이다.

국내 최고 기업인 삼성을 일례로 들어 보자.

삼성의 2013년 1월 초 신용부도 스와프 프리미엄을 보면 37.50bp 였던 것이, 6월 20일엔 73.57bp까지 치솟았다. 삼성의 리스크 수치가 두 배 이상 뛴 것으로 해석할 수 있으며, 이것은 급변하는 리스크의 모습을 보여주는 일례라 하겠다.

스와프 레이트는 기업이나 나라의 이자율을 결정하는 국제적 수치로서, 리스크를 파악하는 방식 가운데 하나이다. 문제는 이런 식으로 리스크를 계산하는 기법이 꽤나 다양하다는 것이다.

이젠 어쩔 수 없이 이것들과 친숙해지지 않으면 안 된다. 리스크를 이해하지 못하면 관리할 수 없고, 회사가 지닌 미래의 불확실성은 커질 수밖에 없다.

지금까지는 리스크를 방어용으로만 생각했기에 리스크를 강조하는 임직원들은 승진에서 불이익을 보았고 회사에서의 위치도 견고하지 못했다. 하지만 세상은 리스크 전성시대로 급박하게 바뀌었고, 따라서 이제는 인식을 전환하여 리스크 관리에 정통한 인력을 양성함은 물론이고 보상승진 역시 원활히 이루어지게 해야 한다.

리스크 관리의 목적은 리스크를 없애는 것이 아니다. 리스크를 뿌리째 뽑는 것은 사실상 불가능하다. 그래서 리스크 관리란 피할수 있는 리스크는 피하고, 불가피한 것은 리스크의 위험부담을 줄이면서 그 이상으로 이익을 추구하는 데에 있다.

무술에 보면, '살을 주고 뼈를 취하라'는 말이 있다. 적의 공격을 이용해서 더 큰 실리를 취하라는 뜻이다. 리스크도 마찬가지나. 리스크에 대한 방어에만 급급해서는 결코 리스크 관리를 할 수 없다.

리스크를 알고 리스크와 친숙해지면 수동적/방어적 경영에서 탈피하여 능동적/공격적 경영으로 바뀌게 된다.

　지금까지 위기관리 문제가 금융업계를 넘어 일반 회사까지 적용됨을 말했다.

　가령 직업에 대한 선호도를 조사하면, 공기업 사원이나 공무원이 1순위를 달린다. 왜 그런가? 그것은 리스크가 다른 직업에 비해 상대적으로 적기 때문이다. 쉽게 말해 철밥통이라는 것이다.

　이런 통계는 국민성이 리스크에 매우 수동적이라는 사실을 보여준다. 만일 리스크에 친숙하게 되면 철밥통류의 직업보다는 창업에 대한 선호도가 높게 나올 것이다.

필자가 젊은이들과 대화를 나누면서 가장 안타깝게 생각하는 부분이 바로 창업에 대한 것이다.

인생의 청사진을 세우는 데에 창업은 중요한 역할을 한다. 창업이란 것은 그 길에 리스크가 쫙 깔려 있을지라도 개의치 않고 삶의 가치를 실현하는 끈덕진 열망에서 나온다. 창업은 돈을 벌고 못 벌고의 차원이 아니라 자신의 꿈을 펼치는 소중한 장(場)이다.

요즘 세계적 주목을 받고 있는 알리바바의 창업자 마윈(Jack Ma)이 그 좋은 예라 할 것이다.

그는 1964년 생으로, 막노동으로 학비를 벌어 중국 항저우 사범대학을 졸업했다. 스펙이 보잘 것 없던 마윈은 30여 번의 취업 실패 끝에 창업을 결심하게 된다. 영어교사를 하며 저축한 돈 7,000만 원을 털어 창업한 그는, 단 6분의 면담으로 일본 소프트뱅크의 손정의 회장으로부터 200억 원의 투자를 유치했고, 14년 뒤엔 연매출이 170조 원에 달하는 세계 굴지의 대기업 회장이 되었다.

중국 벤처기업 소셜터치의 장루이 회장이 한 다음의 말은 여러모로 시사하는 바가 크다 할 것이다.
"중국 정부의 수많은 정책보다 마윈 한 사람의 존재가 중국 청년들의 창업과 도전에 더 큰 영향을 주고 있다."

　마윈과 같은 열정을 지닌 젊은이들이 많아져야 국가 경제는 활기에 차고 미래의 희망이 싹트게 된다. 행여 창업에 실패할지라도 그 과정에 주옥같은 경험을 하게 되고, 그것은 다른 분야로 옮겨 가서도 긍정적으로 작용하게 될 것이다. 따라서 실패가 실패로 끝나지 않고 성공의 밑거름이 될 수 있도록 하는 제도적/구조적 장치가 필요하다 하겠다.

　흔히 '자기계발'을 운운하는데, 그 핵심은 청사진을 세워 위기를 지혜롭게 다루는 데에 있다.
　청사진에 의한 위기관리, 이것은 남의 일이 아니다. 금융업을 넘어 일반 회사, 더 나아가 인간 개개인이 처한 현실이다.
　인생의 성패, 그것은 위기관리에 달려 있다.

　당신의 위기관리는 어떠한가?

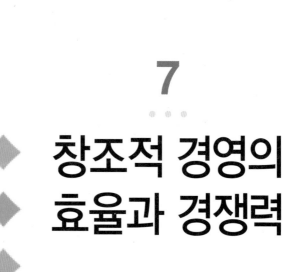

7

. . .

창조적 경영의
효율과 경쟁력

지금까지 창조적 경영에 대해 설명했다. 다시 한 번 정리하면 그것은 이익과 가치를 하나로 한 청사진에 의한 경영을 말한다.

사실 지금까지 이익과 가치를 나누어 설명했지만 사실 그 양자는 분리되는 것이 아니다. 이익이 가치이고 가치가 이익이다. 이 정도 되는 청사진이라면 거의 흠잡을 수 없는 청사진이라 할 수 있다.

이젠 시대가 변했다. 창조적 경영이 아니고는 몰려오는 리스크의 파도를 견뎌낼 수 없다. 따라서 창조적 경영은 경영의 한 기법이 아니라 생존의 필수 전략이 된 것이다.

이제 그 효과를 구체적으로 살펴보자.

첫째, 의사 결정이 빨라진다

경영에 있어서 속도가 차지하는 비중은 크다. 100점짜리 제품을 출시하는 것보다 시간을 앞당겨 80점짜리 제품을 시장에 선보이는 편이 훨씬 이익일 때가 많다. 그만큼 속도는 회사의 경쟁력과 직결된다.

그런데 속도를 내기 위해서는 사원들의 의사 결정이 빨라야 한다. 다수가 모여 공동으로 일을 추진하다 보니 회의가 많고 그만큼 의사 결정을 내려야 할 때가 많다.

어쩌다 보면 토론을 위한 토론이 되는 때가 많고 그만큼 속도에서 뒤쳐지는 경우도 생긴다.

　신속한 결정을 내리지 못하는 것은 청사진이 확고하지 않든가, 아니면 청사진이 있더라도 그것에 대한 공유가 잘 되지 않아서다.

　청사진에 따라 회의를 진행한다면 결코 길어질 이유가 없다. 숱한 업무상의 결정은 물론이고 인사 관리까지도 한결 수월해진다.

　청사진이 확고하다면 회사의 방향을 설정하는 문제에서부터 세세한 업무에 이르기까지 신속하게 결정할 수 있다. 법률이 잘 만들어져 있으면 재판이 그만큼 빠르고 정확하게 끝날 수 있는 것과 같은 맥락이다.

　의사 결정의 속도, 그것은 회사의 남다른 경쟁력으로 표출될 것이다.

둘째, 사원들의 학습이 빨라진다

회사엔 능수능란한 사원들만 있는 것이 아니다. 또한 아무리 경력 있는 사원들이어도 CEO의 관점에서 보면 불안하긴 늘 마찬가지다.

따라서 회사가 성장하려면 무엇보다 사원들의 학습이 중요하다. 사실 신입 사원에겐 적어도 1년 정도는 눈 딱 감고 투자해야 한다고 하지 않던가. 대체로 1년이 지나야만 회사에 뭔가 이익을 안겨주는 사원이 된다.

그런데 1년이 지났다고 업무의 학습이 끝난 것이 아니다. 30년 차 간부도 변화하는 세상에 대처하기 위해 늘 공부한다. 학습은 회사에 들어와서 퇴사하기까지 손에 놓을 수 없는 필수 과정이다.

이렇게 학습을 강조하는 이유는, 이것이 회사의 경쟁력과 직결되기 때문이다.

그렇다면 어떻게 해야 사원들의 학습이 빨라질까?

학습의 대부분은 청사진에 대한 공유에서 이루어진다. 청사진이 없으면 학습도 없다. 청사진이 없는 상태에서는 시시각각 들어오는 정보들은 뇌리를 통과해 그대로 사라지고 만다. 그야말로 소귀에 경읽는 것이 되고 만다.

청사진이 반듯해야지만 정보들은 자석처럼 뇌리에 철썩 붙는다. 마치 모자이크 조각처럼 청사진의 일부가 되어 뇌리에 깊이 남아 있게 되는 것이다.

이것이 학습이다. 청사진을 중심으로 크고 작은 정보들이 결합하여 뚜렷한 그림을 형성하기에 학습은 저절로 된다.

청사진이 불명확하면 대부분의 정보들은 손실되거나, 간혹 머릿속에 남아 있더라도 그 구실을 하는 데에 오랜 시간을 소요하게 된다.

이처럼 청사진이 분명한 회사는 직원들의 학습 효율이 좋고 그것은 회사의 적잖은 경쟁력으로 이어진다.

셋째, 창의력과 아이디어에 친숙하다

아이디어란 효용을 담고 있는 남다른 생각을 말한다. 그리고 이런 아이디어를 계속해서 낼 수 있는 사고의 구조를 가리켜 창의력이라 한다.

따라서 무한 경쟁의 세상을 맞아 창의력을 지닌 인재에 대한 열망은 어느 회사나 마찬가지일 것이다.

그런데 창의력이란 것은 조금만 생각하면 그렇게 어려운 것이 아니다.

잠시 시간을 갖고 각종 아이디어들에 대해 떠올려 보자. 홈쇼핑에 등장하는 아이디어 상품도 좋고, 최근 빈번히 개최되는 중소기업 박람회에 전시된 아이디어 상품도 좋다. 어떤 것이 됐든지 아이디어의 구조를 살펴 공통된 속성이 뭔지 생각해 보라.

충분히 생각해 봤는가?

해답이 보인다면 본서를 잘 정독하였다고 인정할 만하겠다.

아이디어의 공통 분모는 관계를 고려한 효율이란 것이다. 어떤 상품이든지 다양한 계층의 생각을 반영하여 효용의 가치를 세운 것들이다. 따라서 '나' 위주로 생각했다면 결코 이와 같은 아이디어 상품들을 개발할 수 없다.

'나' 중심의 사고의 틀엔 한계가 있다.

관계로 보면 시공이 넓어져 정보에 자유롭게 된다. 그만큼 다양한 변수와 효용, 가치 등에 친숙하게 되고 여기서 기발한 생각들이 떠오르게 된다. 이런 생각들을 모자이크처럼 연결하여 그림을 그리다 보면 불현듯 아이디어 상품이 된다. 또한 어떤 난제를 해결할 수 있는 묘안이 되기도 한다.

따라서 CEO가 주도하는 창조적 경영은 회사 전체의 창의력을 높여 아이디어가 샘솟는 활기찬 직장을 만들 것이다.

청사진을 향해 관계의 눈을 뜬 사원들, 그들 한 명, 한 명이 우수한 인적 자산이 될 것이고, 이런 회사가 앞서가는 것은 너무나 당연한 일일 것이다.

넷째, 사원들의 관계가 원만해진다

사원들이 회사의 청사진을 중심으로 생각하고 행동하면 서로 간에 마찰을 일으킬 일이 줄어들게 된다.

그림으로 보고 듣기에 남의 말도 잘 들어주고, 자신의 말을 할 때도 관계를 고려하여 그림으로써 말하기에 원만한 대인관계를 이룰 수 있다.

사원들이 주로 쓰는 말을 보면 화면, 그림, 상황, 사실, 방향, 영화, 관객, 감독, 흐름, 가능, 여백, 가치, 창조, 감동, 탄성, 조화… 등이다.

이런 창조적 언어를 즐겨 쓰게 되면 토론이나 회의를 할 때 전체 의견을 수렴하여 발전된 방향으로 이끌어갈 수 있는 힘이 생긴다.

이것은 회사의 전체 에너지를 상승하는 방향으로 작용하게 한다. 사원들 간의 불협화음이 많은 회사일수록 에너지는 분산되고 업무 효율은 떨어질 수밖에 없다.

청사진이 반듯하게 세워진 회사는 관계 수로를 잘 짠 농지와 같다. 구석구석까지 물길이 뻗치듯, 사원들 간의 에너지가 잘 소통되면서 업무의 효율을 극대화할 수 있다. 흔히 회사의 저력이라는 말들을 하는데, 바로 이런 것이 그것에 해당할 것이다.

다섯째, 사내 마찰이 줄어들고 협동심이 생긴다

특히 사내의 불협화음이 가장 심한 화제는 인사 문제에 있어서이다. 후배가 선배를 앞질러 승진했을 때의 사내 분위기는 얼음장 그 자체다.

하지만 청사진이 우뚝 서 있는 회사는 이런 마찰이 극히 적다. 늘 회사의 청사진을 염두에 두고 업무를 하던 사원들이기에 갑자기 찾아온 후배의 고속 승진에 대한 반감이 적게 된다.

또한 회사에 위기가 찾아왔을 때 사원들이 협심하여 짐을 나누어지는 것이 수월해진다.

　필자가 근무하는 대학도 글로벌 위기를 피해가지 못했다. 그래서 전 교직원의 임금이나 연구비 삭감이 불가피하게 됐다.

　하지만 이렇게 되면 대학의 업무 효율에 차질이 생길 수밖에 없다. 그래서 학과의 특성과 비중을 고려하여 어느 곳은 연구비를 올려주고 어느 곳은 연구비를 동결하거나 깎을 수밖에 없었다. 또한 교직원의 임금도 정교수인 경우 임금을 많이 깎는 방향으로 정하는 것이 여러모로 합당했다.

　이런 결과를 전 교직원이 불만 없이 따른다는 것은 쉽지 않은 일이다. 하지만 늘 그렇듯 대학의 청사진을 내걸고 토론을 진행했고, 학교 당국은 결국 큰 반대가 없이 합의를 이끌어낼 수 있었다.

개개인의 이해타산이 엇갈리는 상황에서 공통된 합의를 끌어낼 수 있었던 것은 평소에 청사진에 대한 공유가 잘 되어 있었기 때문이다. 청사진을 내걸고 하는 회의였기에 고성이 오가지 않았고, 그렇다고 시간이 오래 걸리지도 않았다.

회사도 마찬가지다. 회사가 위기에 직면하여 임금 삭감이 불가피할 때 과연 당신 회사의 직원들은 어떻게 대처할까?
더 나아가 일부 직원에게는 임금을 깎는 대신 더욱 높여준다고 하면 이런 차별을 사원들은 어떻게 받아들일까?

회사란 정해진 노선을 달리는 기차가 아니다. 오히려 수없이 많은 변화와 역경이 넘실대는 망망대해에 떠 있는 일엽편주에 가깝다.
따라서 비상시에 모두가 수긍하기 어려운 결정을 할 수도 있다. 이런 때에 사원들이 얼마나 잘 따라주는지가 위기의 관건이다.

공평하면 사원들은 협조한다.

공평하지 않으면 사원들은 불만을 갖게 된다. CEO의 명령에 의해 어쩔 수 없이 따른다 해도 그들이 지닌 불평은 회사의 업무 효율을 급격히 떨어뜨릴 것이다.

공평! 그것은 청사진에 의한 결정을 말한다. 어느 개인의 이익이 아닌 회사 공동의 청사진을 위한 결정이라면 사원들은 너그럽게 받아들인다.

따라서 청사진을 내건 창조적 경영, 이것보다 우선시 되는 위기 관리는 없다.

여섯째, 일이 즐거워진다

창조는 그 자체로 재미이다. 재미가 없으면 창조가 아니다. 청사진을 세워 창조로 방향을 틀게 되면 회사는 재미난 회사로 거듭난다.

열심히 하는 자는 재밌게 하는 자를 따를 수 없다. 억지로 짜내는 에너지는 결코 우러나오는 에너지를 당해낼 수 없는 까닭이다.

청사진 속엔 희망이 녹아 있다. 희망이 없으면 기계처럼 삭막하게 되면서 재미는 사라진다.

흔히 성과급을 제시하여 사원들의 호응을 끌어오려고 한다. 하지만 청사진과의 공유가 없는 성과급은 은연중에 사원들을 돈 버는 기계처럼 취급하게 되어, 감동과 재미를 빼앗는다.

행복한 직원이 없이는 행복한 고객도 없다. 직원의 행복이 넘쳐 흘러 고객에게 전달될 때 회사는 비로소 위대한 회사로 도약할 수 있는 것이다.

가치와 영리가 들숨과 날숨처럼 하나의 생명으로 이어져 있다는 사실! 이것을 분명히 깨닫는다면 당신은 경영자로서 충분한 자질을 갖췄다 할 것이다.

청사진에 의한 가치 경영, 이것은 먼 미래의 이상적 회사상이 아니다. 과거에도 이런 회사는 있었고 오늘날 급변하는 세태를 맞아 더욱

더 많아지고 있다.

2014년 108년이 된 뉴발란스라는 신발 회사의 예를 들어 보자. 이 회사는 설립부터 청사진에 의해 이루어졌다.

"선천적 장애가 있든 후천적 불편이 있든, 모든 발에 편안함을 위하여"가 이 회사의 설립 이념이다.
그리고 세월이 지나면서 청사진의 범위는 확대 되어 "소비자의 삶을 풍요롭게 하고 세상을 더 나은 곳으로 바꾸자"는 가치 철학이 확립되었다.
이 회사에서의 이윤은 가치 경영에서 파생되는 부수적 산물이었던 것이다.

짐 데이비스 회장은 2006년 기업 탄생 100주면 기념사에서 다음과 같이 말했다.

"단순히 이윤을 남기는 성장은 우리의 목표가 아니다. 오직 품질과 진실성에 있어서 타협하지 않은 채 이윤을 남기는 성장만이 우리의 목표이다. 우리는 가장 큰 회사를 원하지 않는다. 우리의 목표는 좋은 기업이 되는 것이다."

청사진에 입각한 창조 경영, 그것은 사원들에게 비전을 불러오고 감동과 재미를 선사할 것이다.

가치를 창조하는 당신!

당신은 이 사회 이 시대가 필요로 하는 진정한 리더이다.

맺음말

가끔씩 스스로에게 반문해 보자.

나는 왜 태어나서 살고 있는가?

여기엔 현실적 답에서부터 생물학적 답, 또한 형이상학적 답도 있을 것이다. 수많은 해석이 따라붙겠지만 공통된 한 가지가 있다. 그것은 바로 삶의 가치이다.

보는 관점에 따라 인생에 대한 해답은 달라지지만 변하지 않는 것은 가치 창조이다. 가치란 것이 항상 크고 위대할 필요는 없다. 시골에서 조그만 텃밭을 가꾸고 소박하게 살아도 삶의 가치는 충분하다. 사회적 지위나 출세에 상관없이 주어진 환경에서 아름다운 삶을 가꾸어나가는 모습 자체가 가치다.

가치는 자신만 강조해서는 생겨나지 않는다. 주변과 함께 어우러질 때 에너지가 샘솟으며 비로소 싹튼다. 이렇게 가치를 생산하는 것을 일러 창조라 한다. 그래서 창조는 한 폭의 아름다운 그림이 된다.

지금까지 회사라고 하면 가치보다는 영리에 집중했다. 회사의 설립 자체가 영리를 얻기 위한 것이니 당연한 일이다.

하지만 앞으로의 세상은 가치를 떠난 영리는 없다. 다시 말해 가치를 무시하고는 영리를 얻을 수 없는 세상이 돼가고 있는 것이다.

가치란 관계로써 볼 때만 보인다. 나만의 이익을 잣대로 보면 절대 가치를 찾을 수 없다. 나와 남, 회사와 사회를 동등하게 놓고 바라볼 때 가치가 존재한다.

가치에 경영자의 철학을 덧씌워 청사진을 만들면 그 회사는 이제 움직여 나갈 준비가 됐다.

회사의 모든 깃을 청사진에 초점을 맞춘다면 에너지의 손실을 줄이면서 업무 효율을 높힐 수 있을 것이다. 위기를 파도처럼 넘으며 목적지를 향해 즐거운 여정을 떠나게 될 것이다.

이것이 창조적 경영이다.

창조적 경영은 위기를 동력으로 삼고 신속한 의사 결정을 무기로

삼아 공격적 경영이 가능해진다.

청사진으로 통일된 사내 문화는 사원들의 에너지가 누수되는 일이 없어 늘 활기가 넘치게 되고, 특히 감동과 재미가 굽이치며 신바람이 불게 된다. 사원들 한 명, 한 명이 창조의 주체가 됨으로써 창의력과 아이디어가 넘치고, 신속하게 업무를 추진할 수 있는 회사가 된다.

창조와 경영, 이것은 결코 떨어져서 양립될 수 없는 명제이다.

21세기의 회사라면 반드시 창조적 경영이 이루어져야 한다. 그래야만 회사는 가치를 창출하고 그에 따른 영리를 얻게 될 것이다.

2008년 1월 24일, 스위스 휴양도시 다보스(Davos)에서 세계 경제 포럼(WEF)이 열렸다. 이때 빌게이츠는 은퇴를 6개월 앞두고 있었는데, 엉뚱하게도 그 자리에서 '창조적 자본주의'를 꺼내들었다.

'창조적 자본주의'란 빌게이츠가 한 해 전 하버드 대학 졸업 축사에서 한 말인데, 쉽게 말해 가난한 사람들을 도울 수 있는 자본주의가 돼야 한다는 주장이다. 그의 말내로라면 시장의 힘이 빈곤 퇴치로 이어질 때 비로소 창조적 자본주의가 성립될 것이다.

빌게이츠는 기업이 영리를 얻으면서도 사회에 공헌할 수 있는 시스템이 구비돼야 한다고 봤다. 영리와 가치, 이 두개를 동시에 수용하는 것이 창조적 자본주의라는 말이다. 지금까지의 냉혹한 자본주의에서 따뜻한 자본주의로 바뀌어야 한다는 것이다.

하지만 빌게이츠의 '창조적 자본주의'에 대한 비판이 의외로 거셌다. 비판의 주된 골자는, 한마디로 현실을 무시한 땜질식 이상론이라는 얘기이다.

반대론자들의 주장은 자본주의는 지금처럼 영리만을 목적으로 일관되게 향하고, 여기서 나온 이익금으로 사회 봉사를 하는 방향으로 권장하면 된다는 것이다. 영리와 가치를 한데로 모은다는 것 자체가 구조적으로 불가능하다는 반론이었다.

이에 대해 빌게이츠는 치밀한 이론으로 반박하지 못했고, 몸소 창조적 자본주의를 실천하는 것으로 대신했다.

필자는 빌게이츠가 그의 이론을 반박하는 사람들에게 창조의 원리를 설명하기를 바랐다. 영리와 가치가 함께 하는 청사진을 만들고, 그에 따라 회사를 운영해야지만 경쟁에서 살아 남을 수 있는 세상이 도래했다고 자신 있게 말해 주기를 바랐다.

이것은 봉사의 개념이 아니라 사회의 구조가 창조 경제로 전환하게 됨으로써 오는 필연적인 시대 현상이다. 이 점을 분명히 말해주기를 바랐지만 아쉽게도 빌게이츠는 입을 닫고 말았다.

빌게이츠의 창조적 자본주의에는 구조적인 치밀함이 없었다. 그는 시대의 변화를 꿰뚫어 봤지만 그것을 근원적으로 풀어 세상에 내비치지는 못했다.

영리와 가치를 동시에 수용하는 새로운 경제 패러다임, 그것을 일러 창조 경제라 한다. 이것은 근본적으로 빌게이츠가 말한 창조적 자본주의와는 다르다.

자본주의라는 말엔 영리 위주라는 말이 포함되어 있고, 따라서 가치가 들어 설 자리가 여기에는 없다. 그래서 창조적 자본주의는 설득력 없는 공허한 메아리만 울리고 말았다.

향후의 세상은 마땅히 자본과 가치를 동시에 추구하는 경제여야 한다. 이것을 필자는 본서의 전편에 걸쳐 주장했고, 굳이 명명한다면 [창조적 자시資施주의]라 하겠다. '자시(資施)'란 자본과 가치의 약자이다. 줄여서 간단히 창조경제주의(創造經濟主義)라고 해도 좋겠다.

새로운 시대의 경제 체제는 마땅히 창조경제주의가 돼야 한다. 영리[資]와 가치[施]를 함께 할때 창조 경제의 토대가 형성될 것이고, 이런 세상은 실로 더 없이 멋진 세상이 될 것이다.

창조경제주의! 그 길은 창조적 경영을 하는 회사가 많아질 때 실현될 것이다. 그것이 결코 허상적 꿈이 아님을 바라 마지않는다.

본서를 끝내면서 다소 아쉬운 점이 하나 있다. 그것은 청사진을 세우고 관계로 보는 법에 대한 기술적인 측면을 자세히 다루지 못했다는 것이다.

지면 관계도 있지만 본서에 앞서 출간된 《내 멋대로 살고 싶다》의 탓이 크다. 전작에서 자세히 다룬 것을 되풀이하고 싶지 않은 심리가 컸던 것이다.

따라서 본서를 정독하고 창조적 경영에 대한 의지가 있는 분이라면 꼭 《내 멋대로 살고 싶다》를 읽어 볼 것을 권한다.

김오회 박사와 함께 하는 창조적 사고

창조하며 경영하라

초판 1쇄 2014년 8월 20일
　　2쇄 2014년 9월 26일

지은이 김오회
펴낸이 성철환　**편집총괄** 고원상　**담당PD** 유능한　**펴낸곳** 매경출판㈜
등 록 2003년 4월 24일(No. 2 - 3759)
주 소 우)100 - 728 서울특별시 중구 퇴계로 190 (필동 1가) 매경미디어센터 9층
홈페이지 www.mkbook.co.kr
전 화 02)2000 - 2610(기획편집)　02)2000 - 2636(마케팅)
팩 스 02)2000 - 2609　**이메일** publish@mk.co.kr
인쇄 · 제본 ㈜M - print　031)8071 - 0961

ISBN 979 - 11 - 5542 - 149 - 9(03320)
값 12,000원